Achtsamkeit

Ruhiger, bewusster und glücklicher
durch den Alltag

Kim Davies

Achtsamkeit

Ruhiger, bewusster und glücklicher
durch den Alltag

tosa

Inhalt

Einleitung

Achtsamkeit ist etwas Seltsames und Wunderbares, topaktuell und uralte Praxis, einfach und zugleich unglaublich tiefgründig. Achtsamkeit ist eine Geisteshaltung, für die es Zeit und Übung braucht, wenn man sie erlernen will.

Achtsam zu sein bedeutet, sich dem Augenblick zu widmen – das klingt sehr einfach. Doch es bedeutet auch, das eigene Erleben zu akzeptieren, und das kann sich als schwierig erweisen. Das Großartige daran ist, dass Sie sofort damit beginnen können, wo und wer auch immer Sie sind. Sie können sich entscheiden, ab und zu achtsam zu sein und davon zu profitieren – oder Sie machen Achtsamkeit zu Ihrer Lebensaufgabe.

Wie kann etwas all diese Gegensätzlichkeiten zugleich sein? Einfach, weil die grundlegende Idee dahinter so gewaltig ist. Sich dem Augenblick zu widmen, sich dessen bewusst zu sein, was genau jetzt passiert, das ist per definitionem ein vielfältiges Geschehen. Unser Geist ist so tief und fließend wie der Ozean; unser Körper ist ein harmonisches und sich ständig veränderndes Wunder der Biomechanik. Meistens beachten

Es ist *großartig*, dass Sie sofort damit *beginnen* können, achtsam zu sein, wo auch immer und wer auch immer Sie sind.

Buddhistische Einsichten

In diesem Buch wird an manchen Stellen Buddha zitiert, wie von vielen anderen Achtsamkeitstrainern auch. Doch Buddhas Worte sind hier nicht Gesetz – wie etwa der Koran oder die Bibel. Sie geben bloß die nützlichen Einsichten eines Lehrers wieder – wenn auch eines sehr großen und weisen. Zum Teil ist das wachsende Interesse an Achtsamkeit heutzutage darauf zurückzuführen, dass man sie gänzlich frei von Religion praktizieren kann. Doch es hilft uns, die unfassbare Kraft des Achtsamseins zu verstehen, wenn wir seine spirituellen Wurzeln kennen.

wir unser körperliches und geistiges Wohlbefinden kaum – und dennoch geschehen hier unzählige, äußerst komplexe Prozesse. Wenn wir diese auch nur für einen kurzen Moment fokussieren, profitieren wir unmittelbar und in großem Maße.

Denken Sie daran, wie Sie heute gefrühstückt haben. Vermutlich haben Sie über den bevorstehenden Tag nachgedacht, eine Zeitung gelesen, TV oder Radio nebenbei laufen lassen, auf Ihrem Handy E-Mails gecheckt, sich im Zimmer umgesehen und gewünscht, es würde mehr Ordnung herrschen, oder ein Problem gewälzt … Obwohl Sie also gegessen haben, haben Sie Ihre Aufmerksamkeit zu einem großen Teil anderen Dingen gewidmet – vielleicht haben Sie nicht einmal geschmeckt, was Sie gegessen haben, oder es war Ihnen nicht bewusst, wie Sie sitzen oder was Sie denken.

Bei Achtsamkeit geht es darum, aus dieser halbherzigen eine fokussierte Aufmerksamkeit zu machen. Wenn wir achtsam sind, sind wir uns dessen, was wir erleben, voll bewusst – wir nehmen wahr, was wir schmecken, riechen, hören, sehen und berühren. Und weil wir uns dessen, was in diesem Augenblick geschieht, bewusst sind, nehmen wir auch unser Denken wahr – wir sehen unsere Gedanken auftauchen, eine Zeitlang verweilen und dann wieder verschwinden wie ein Wanderer im Nebel.

Was ist Achtsamkeit?

Das Hier und Jetzt begrüßen

Die meisten von uns steuern wie auf Autopilot durch den Tag oder sind dem ständigen Geschnatter ihrer eigenen Gedanken ausgeliefert. Dadurch verlieren sie die Verbindung zum Hier und Jetzt.

Auf dem Weg zur Arbeit denken wir vielleicht an die Erlebnisse vom Vorabend, ein Ereignis aus der Kindheit oder an einen Streit, den wir gehabt haben – all das gehört zur Vergangenheit. Oder wir widmen uns der Zukunft – wir fragen uns, was der Tag bringen wird, planen, was wir auf der Arbeit tun werden, oder stellen uns vor, im Lotto zu gewinnen. Wenn wir am Arbeitsplatz ankommen, können wir uns oft an den Weg dorthin gar nicht mehr erinnern, weil wir uns in der Realität nicht mit ihm beschäftigt haben.

Achtsamkeit erfordert von uns, uns von Vergangenheit und Zukunft zu lösen – und nur im Hier und Jetzt zu sein. Die Vergangenheit gibt es nicht mehr, die Zukunft ist noch nicht passiert. Nur die Gegenwart, das Jetzt, zählt.

Ohne Zweifel gibt es viele Gelegenheiten, wo wir uns definitiv mit Vergangenheit und Zukunft beschäftigen müssen und nicht nur im Jetzt sein können. Natürlich müssen wir uns oft mit vergangenen Ereignissen auseinandersetzen, um sie und unser Verhalten wirklich zu verstehen. Und wir müssen unsere Gedanken in die Zukunft projizieren, um unsere Zeit effektiv planen und nutzen zu können. Auch wenn wir achtsam sind, können wir an Vergangenheit und Zukunft denken – wir können uns sogar einem Tagtraum hingeben. Es geht darum, dass wir uns darüber im Klaren sind, dass wir an Vergangenheit und Zukunft denken. Wir tun es absichtlich und lassen uns nicht durch die stürmischen Aktivitäten unseres Geistes dazu verleiten.

Achtsamkeit heißt nicht, dass wir nie an Vergangenes oder an die Zukunft denken dürfen. Wir sollen keine Scheuklappen tragen oder die Augen verschließen. Es geht vielmehr darum, zu bemerken, wenn sich unser Denken sinnlos und unproduktiv im Kreis dreht, und es zu stoppen – denn das lenkt uns vom Hier und Jetzt ab.

Sein statt Tun

In Bezug auf das Thema Achtsamkeit gibt es zwei Geisteszustände, das „Sein" und das „Tun". Wenn sich unser Gehirn im Modus „Tun" befindet, richtet sich sein Fokus nach außen, auf Aufgaben und Problemlösungen. Im „Tun"-Modus wird beurteilt, kategorisiert, erschaffen und verglichen. Der „Tun"-Modus ist für unseren Alltag wichtig. Wir benötigen ihn, wenn wir vorankommen wollen, Deadlines einhalten, Listen anlegen, ein Regal aufbauen.

Ideen zu entwickeln und sie umzusetzen, darin ist unser Verstand großartig. Probleme treten auf, wenn wir kein Problem mehr lösen und nichts mehr erreichen müssen. An diesem Punkt sollten wir in den erholsameren „Sein"–Modus übergehen – doch wir alle tun uns schwer damit, diesen Schalter umzulegen: Unser Verstand will weiterarbeiten, auch wenn es sinnlos oder gar schädlich für unser Wohlbefinden ist.

Achtsamkeit versucht, den Geist vom „Tun" zum „Sein" zu bewegen, indem wir die Aufmerksamkeit bewusst auf die innere Welt lenken – auf Atmung und Körperempfindungen – und ebenso auf die äußere Welt, die wir durch Fühlen, Sehen, Riechen, Schmecken und Hören wahrnehmen. „Sein" ist überaus beruhigend, doch es bedeutet nicht, das Denken abzuschalten. Im „Sein"-Modus widmen wir uns sehr lebendig unserer Umwelt, wir erleben den unglaublichen Reichtum der Welt um uns, als wäre es das erste Mal. Wir nehmen die Realität dessen wahr, was ist, nicht die Illusion dessen, was wir gerne hätten.

Die Wurzeln der Achtsamkeit

Achtsamkeit wurzelt im Buddhismus und wird im Westen bereits seit Jahrzehnten von Buddhisten praktiziert. In den letzten Jahren hat auch der Mainstream sie für sich entdeckt und sogar die Wissenschaft hat ihren Nutzen durchleuchtet.

Ein Großteil der wachsenden Popularität der Achtsamkeit im Westen ist dem amerikanischen Arzt Jon Kabat-Zinn zu verdanken. Er studierte die buddhistische Meditation und entwickelte auf der Grundlage ihrer Prinzipien eine Methode, um Stress und Schmerzen zu lindern. Er nannte sie Achtsamkeitsbasierte Stressreduktion (MBSR). Seine Arbeit trug stark dazu bei, dass diese antiken Lehren in Wissenschaft und Medizin akzeptiert wurden. Heute wird MBSR in vielen Krankenhäusern und anderen Gesundheitsinstituten angeboten, und auch ganz allgemein wird Achtsamkeit immer populärer – weit über ihre Wurzeln hinaus. Kabat-Zinns Methode wurde zu einer „Lebensstil-Technik" und wird in Schulen, in der Arbeitswelt und in der Öffentlichkeit thematisiert.

Achtsamkeit ist eine Art des Trainings für den *Geist*. Sie können es praktizieren und unabhängig von Ihrem persönlichen Glauben davon profitieren.

Trotz ihres buddhistischen Ursprungs ist Achtsamkeit keine Religion, auch keine religiöse Praktik. Sie ist universell – sie steht speziellen Glaubensrichtungen nicht näher als Fasten, Wohltätigkeit oder Meditation. Achtsamkeit ist eine Art Training für den Geist. Sie können davon profitieren, woran auch immer Sie glauben.

Achtsamkeit ist das bewusste und ständige Bemühen darum, aufmerksam zu sein. Wenn Sie aufmerksamer sind, werden Sie einen negativen Impuls früher wahrnehmen und ihn neutralisieren können, bevor Sie ihm nachgeben. Dies kann auch als Aufruf verstanden werden, etwas zu verändern, und es kann Ihr Leben verbessern.

Es gibt zahlreiche irrige Vorstellungen davon, was Achtsamkeit ist – und für wen sie sich eignen würde. Hier noch ein paar Klarstellungen, was Achtsamkeit nicht ist.

❀ Achtsamkeit ist nicht dasselbe wie Meditation. Sie müssen nicht in einer bestimmten Stellung auf dem Boden sitzen, um sie zu praktizieren. Meditation ist sicherlich ein positiver Bestandteil des Achtsamkeitstrainings, aber Achtsamkeit selbst ist eine Haltung, die Sie in Ihrem Alltag einzunehmen lernen, bei ganz gewöhnlichen Ereignissen.

❀ Achtsamkeit ist nicht schwierig. Tatsächlich können Sie nichts falsch machen, Sie können darin nur besser werden.

❀ Achtsamkeit ist nicht nur für eine bestimmte Art von Leuten geeignet. Jeder kann davon profitieren. Wenn Sie zu denen gehören, die nicht still sitzen können, sind Sie vielleicht überzeugt, dass Sie nicht meditieren könnten – doch das können Sie. Sie müssen nur klein anfangen und dann langsam Schritt für Schritt Ihr Training aufbauen.

❀ Achtsamkeit heißt nicht, dass Sie Ihren Lebensstil ändern müssen. Es mag sein, dass das Bewusstsein, das mit der Achtsamkeit einhergeht, mit der Zeit dazu führt, dass Sie andere Entscheidungen in Ihrem Leben treffen, doch die Regeln der Achtsamkeit können in jeden Lebensstil integriert werden.

Achtsamkeit und ich

Wenn ich behaupte, dass Achtsamkeit ein schnelles Heilmittel ist, dann meine ich damit, dass Achtsamkeit Sie zur puren Essenz des Augenblicks führen kann. Dadurch kann Stress dahinschmelzen, doch ihre wahre Wirkung entfaltet Achtsamkeit erst mit der Zeit und mit kontinuierlicher Übung.

Es gibt viele Studien, in denen die positiven Auswirkungen von Achtsamkeit nachgewiesen wurden. Einige der folgenden Veränderungen könnten Sie an sich selbst bemerken:

Gesteigerte Selbstwahrnehmung

Durch Achtsamkeit werden Sie ermutigt, nach innen zu schauen und sich dem körperlichen und geistigen Erleben im aktuellen Augenblick zu widmen. Wenn wir das tun, lösen sich viele der Schutzschichten aus Geschichten, Vermutungen und Unterstellungen von selbst auf. Dadurch lernen wir uns selbst besser kennen.

Bessere Entscheidungen

Wenn Sie sich Ihrer selbst bewusster sind und nicht ständig auf die Außenwelt reagieren, erkennen Sie, dass Sie darüber entscheiden können, wie Sie in jedem einzelnen Moment reagieren wollen. Wenn unsere Handlungen nicht mehr von unseren Emotionen und zufälligen Gedanken gesteuert werden, sind wir imstande, die Situation besser zu beurteilen und weisere Entscheidungen zu treffen, die zu uns passen. In einer Studie der University of Mexico wurde zum Beispiel festgestellt, dass Achtsamkeitstraining den Menschen half, Fressattacken in den Griff zu bekommen.

Reduktion von Stress und Depressionen

Büroangestellte, die an einem Kurs in Achtsamkeitsbasierter Stressreduktion (MBSR) teilgenommen hatten, berichteten, dass sie weniger unter Stress gelitten hätten. Einer anderen Studie zufolge waren depressive Menschen nach einer Achtsamkeitsbasierten Kognitiven Therapie weniger anfällig für einen Rückfall. Die Ergebnisse sind so überzeugend, dass diese Therapie nun von den britischen Gesundheitsbehörden zur Behandlung von Depressionen empfohlen wird.

Aufmerksamkeitsspanne und Gedächtnis

Achtsamkeit verbessert Ihre Aufnahmefähigkeit und auch Ihr Erinnerungsvermögen. 2011 haben Forscher in Deutschland und in den USA mittels Gehirnscans nachgewiesen, dass die Dichte der grauen Gehirnmasse im Hippocampus bei Menschen, die täglich meditierten, zunahm – das ist jenes Gehirnareal, das für Gedächtnis und Lernen benutzt wird.

Stabilere Gesundheit

Wir wissen, dass Depressionen und negative Gedanken die Gesundheit beeinträchtigen können. Achtsamkeit ist eine Möglichkeit, den Trend umzukehren: Eine Studie belegte, dass das Immunsystem von Krebskranken nach einem MBSR-Kurs stärker war. Einer der wichtigsten Faktoren, warum sich Achtsamkeit so hilfreich auswirkt, ist, dass wir uns der Vorgänge im Körper bewusster sind und dass wir Stress und Verspannungen schneller bemerken. Das befähigt uns dazu, Beschwerden entgegenzuwirken, bevor sie chronisch werden.

Tieferes Mitgefühl

Achtsamkeit verbessert auch unsere Beziehungen zu anderen Menschen. In einem Experiment an der Northeastern University of Boston fanden Forscher heraus, dass Menschen, die regelmäßig Achtsamkeit praktizierten, mehr Mitgefühl für ihre Mitmenschen zeigten. Also könnte es sein, dass wir durch eine achtsame Haltung zu einer angenehmeren Atmosphäre für die Menschen rund um uns beitragen.

Mehr Zufriedenheit

Unzählige wissenschaftliche Studien belegen die positive Wirkung von Achtsamkeit auf das Wohlbefinden. Bei Menschen, die Achtsamkeit praktizieren, zeigt sich mehr Aktivität im präfrontalen Cortex, der in Zusammenhang mit positiven Gefühlen steht. Im Gegensatz dazu ist hier bei Menschen, die unter Depressionen leiden, weniger Aktivität festzustellen.

Beginnen Sie jetzt

Für Achtsamkeit sind keine Vorbereitungen notwendig. Hier ist eine einfache Übung, die Sie sofort durchführen können. Schließen Sie einfach Ihre Augen und achten Sie nur auf Ihren Atem.

Bei dieser Übung achten Sie einfach nur eine Minute lang auf Ihren Atem. Das klingt einfach, doch es erfordert Ihre gesamte Aufmerksamkeit.

1. Sitzen Sie bequem auf dem Boden oder auf einem Stuhl mit senkrechter Lehne – aufrechtes Sitzen fördert die Wachsamkeit. Wenn das für Sie schwierig ist, machen Sie die Übung im Liegen oder im Stehen.

2. Stellen Sie einen Wecker auf eine Minute oder lesen Sie auf Ihrer Uhr die genaue Uhrzeit ab.

3. Schließen Sie die Augen und richten Sie Ihre Aufmerksamkeit auf Ihren Atem. Achten Sie darauf, wie die Luft durch Ihre Nase ein- und ausströmt oder wie sich Ihr Brustkorb ausdehnt und zusammenzieht, ebenso wie sich Ihre Bauchdecke hebt und senkt. Konzentrieren Sie sich auf jene Stelle, wo Sie Ihrer Atmung am leichtesten folgen können, und wechseln sie dann nicht mehr.

4. Versuchen Sie nicht, Ihren Atem zu kontrollieren, indem Sie tiefere oder längere Atemzüge machen. Achten Sie nur darauf, wie er in Ihren Körper einströmt und ihn wieder verlässt. Wenn er von selbst tiefer oder langsamer wird, ist das natürlich in Ordnung. In der Übung geht es aber nicht um Kontrolle.

5. Sehr bald werden Sie bemerken, dass Ihre Aufmerksamkeit zu wandern beginnt und Sie an etwas denken, das nichts mit der Atmung zu tun hat. Das ist okay. Konzentrieren Sie sich wieder auf Ihren Atem.

6. Im Lauf der Minute schweifen Sie gedanklich vielleicht mehrmals ab, vielleicht auch für länger. Vielleicht sind Sie gelangweilt, verärgert, frustriert oder ruhelos – oder Sie freuen sich, weil Sie diese Sache gut machen. All diese Reaktionen sind ganz normal, und keine davon bedeutet, dass Sie Achtsamkeit beherrschen oder nicht beherrschen können.

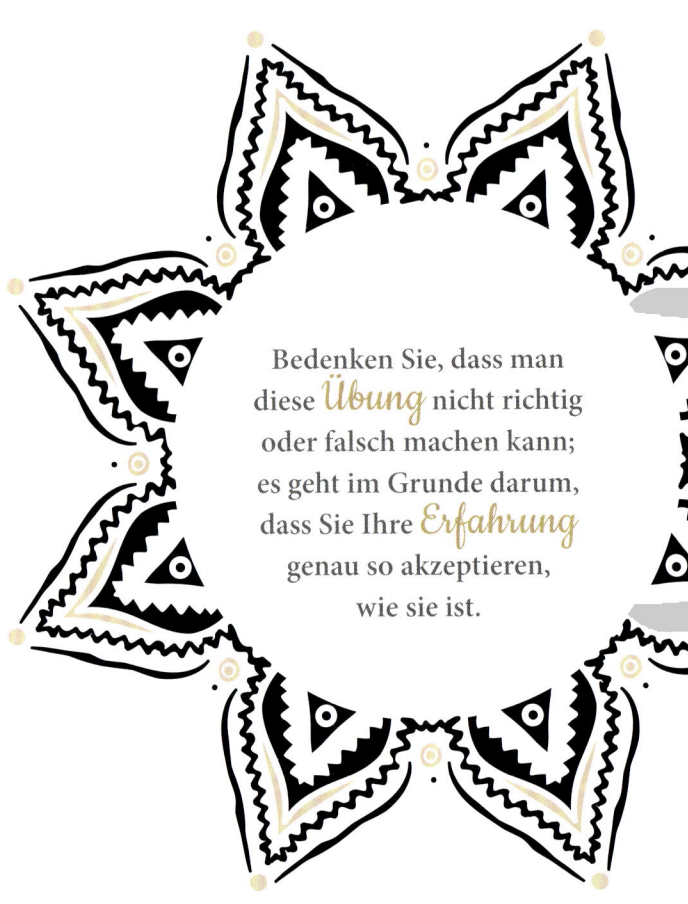

Bedenken Sie, dass man diese *Übung* nicht richtig oder falsch machen kann; es geht im Grunde darum, dass Sie Ihre *Erfahrung* genau so akzeptieren, wie sie ist.

7. Kehren Sie ganz sanft immer wieder mit Ihrer Aufmerksamkeit zu Ihrer Atmung zurück, wie oft auch immer es nötig ist.

8. Denken Sie daran, dass man diese Übung nicht richtig oder falsch machen kann. Es geht im Grunde nur darum, dass Sie Ihre Erfahrung genau so akzeptieren, wie sie ist. Wenn der Wecker klingelt, öffnen Sie die Augen und stehen Sie auf.

Einstellungen und Hindernisse

Grundlegende Einstellungen

Achtsamkeit ist mehr als Aufmerksamkeit. Sie umfasst ein ganzes Bündel an hilfreichen und positiven Einstellungen, die Ihre Grundhaltung dem Leben gegenüber verändern können. Es geht nicht nur um das, was Sie tun, es geht um die Art und Weise, wie Sie dem Leben begegnen.

Es ist einleuchtend, dass die geistige Einstellung enormen Einfluss auf Ihr Erleben haben kann. Wenn Sie es hassen, öffentlich zu sprechen, könnte sich Ihre Nervosität in Ihrer Stimme bemerkbar machen. Das könnte Ihnen peinlich sein – genau das, was Sie befürchtet haben. Wenn Sie also Ihre Grundhaltung ändern könnten, könnten Sie vielleicht eine Rede halten, die Sie wahrhaft und unbeschadet widerspiegelt.

Ein anderes Beispiel: Vielleicht denken Sie, dass Meditieren schwierig ist. Möglicherweise schieben Sie es daher vor sich her, oder Sie geben bei der ersten Schwierigkeit gleich auf und sagen sich: „Ich wusste ja, dass es schwierig sein wird. Es hat keinen Sinn." Oder Sie denken, es wäre einfach: Wie schwer kann es schon sein, den eigenen Atem zu beobachten? Wenn Sie in diesem Fall auf ein Problem stoßen, könnten Sie entmutigt oder verärgert reagieren. Es ist viel besser, solchen – oder allen – Dingen mit einer offenen Einstellung zu begegnen. Wenn Sie nicht wissen, wie es für Sie sein wird, wieso probieren Sie es nicht aus und finden es heraus?

Im Allgemeinen mögen Menschen Gewissheit und Wissen. Achtsamkeit verlangt von uns, dem Nichtwissen gegenüber offen zu bleiben und sich in der Ungewissheit wohlzufühlen. Der Schlüssel ist also unsere Einstellung. Die Art von Offenheit, auf die wir hier abzielen, mag nicht immer leicht zu erreichen sein, doch je mehr wir Achtsamkeit praktizieren, umso leichter wird sie sich einstellen. Hier sind die „hilfreichen Einstellungen" aufgelistet, die wir mit Achtsamkeit zugleich einüben. Jede einzelne wird auf den folgenden Seiten weitergehend erörtert. Diese hilfreichen Grundeinstellungen tauchen von selbst auf, wenn wir ganz im Augenblick leben, und wir können sie auch ganz bewusst kultivieren, jede einzeln und alle zusammen.

5. Geduld – einer Erfahrung Zeit geben, sich zu entfalten, ohne zu hetzen oder zu verzögern.

6. Vertrauen – an sich selbst glauben und darauf vertrauen, dass Sie die am besten geeignete Person sind, um sich selbst zu beobachten, niemand sonst.

7. Loslassen – wir tendieren dazu, an Gedanken und Gefühlen, Meinungen und Überzeugungen festzuhalten. Im Zustand der Achtsamkeit erlauben wir ihnen, zu entstehen, zu verweilen und dann zu vergehen.

8. Nichts anstreben – Dinge so bleiben zu lassen, wie sie sind, anstatt auf ein Ziel zuzusteuern.

9. Mitgefühl – gütig zu anderen zu sein, aber auch zu sich selbst.

1. Anfängergeist – die Fähigkeit, eigene Erfahrungen stets wie neu zu betrachten.

2. Neugier – sich einer neuen Erfahrung mit Interesse und Forschergeist stellen.

3. Nicht urteilen – die „Rohdaten" einer Erfahrung spüren, ohne sie als gut oder schlecht zu etikettieren.

4. Akzeptanz – einem Erlebnis erlauben, so zu sein, wie es ist, ohne es ändern zu wollen.

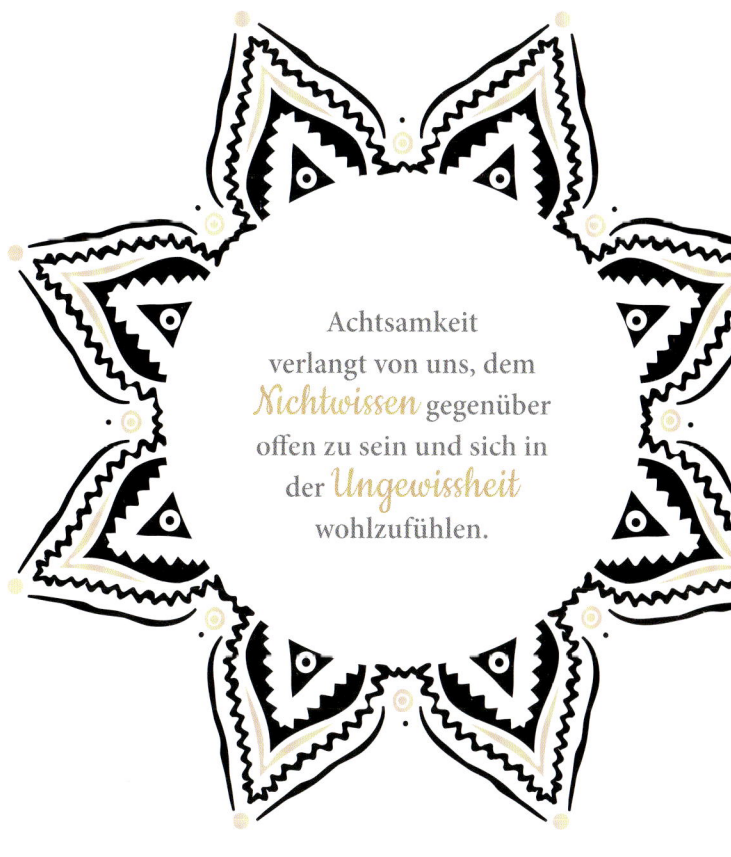

Achtsamkeit verlangt von uns, dem *Nichtwissen* gegenüber offen zu sein und sich in der *Ungewissheit* wohlzufühlen.

Der Anfängergeist

Wenn wir achtsam sind, versuchen wir, jeden Moment als etwas Neues und Frisches zu betrachten. Der Ausdruck „Anfängergeist" umschreibt den Versuch, unseren Erfahrungen mit der Begeisterung eines Neulings zu begegnen.

Im Sinne der Achtsamkeit streben wir danach, jedes Ereignis so zu betrachten, als würden wir es das erste Mal erleben – was auch der Fall ist, wenn Sie genauer darüber nachdenken. Wir haben vielleicht schon viele Tassen Tee getrunken, aber wir haben noch nie genau diese Tasse Tee in genau diesem Moment getrunken. Wir haben viele Atemzüge oder auch viele Schritte getan, doch nie zuvor genau diesen Atemzug, genau jenen Schritt – und wir werden ihn auch nie wieder erleben. Kinder verkörpern den Blick des Neulings, weil sie noch völlig unbelastet sind von vorgefassten Meinungen. Es gibt für sie noch kein „Schon gesehen, schon erlebt".

Das Kind ist *fasziniert* vom Unbekannten und strebt von Natur aus danach, es zu *erforschen*.

Wenn Sie einem sehr kleinen Kind eine bunte Rassel geben, wird es diese ansehen, berühren, schütteln, umdrehen. Das Kind ist vom Unbekannten fasziniert und strebt von Natur aus danach, es zu erforschen. Achtsamkeit versucht, dem aktuellen Augenblick mit derselben Haltung zu begegnen: Ob wir nun etwas tun, was wir gut kennen oder gar nicht, ob es nun positiv ist oder negativ, wir erforschen es aufs Neue. Mit dem Anfängergeist schenken Sie sich die Chance, etwas zu entdecken. Mit den Worten des Zen-Meisters Suzuki Roshi: „Für den Geist des Anfängers gibt es viele Möglichkeiten, für den des Experten nur wenige."

Wie Adam im Garten Eden

An der Wende zum 20. Jahrhundert nannte sich eine Gruppe russischer Dichter „Die Adamisten". Ihr Ziel war, die Welt so zu erleben wie der biblische Adam. Sie wollten jedes Ding in der Welt als Wunder betrachten, so wie Adam das vermutlich an seinem ersten Tag im Garten Eden getan hat, und diese Erfahrungen dann in Verse verwandeln. Diese poetische Grundhaltung ist der Achtsamkeit sehr ähnlich und wir können sie nachahmen – auch wenn wir daraus dann keine Poesie machen. Probieren Sie diese Übung aus:

❀ Nehmen Sie eine einzelne Blume und schließen Sie kurz Ihre Augen. Öffnen Sie die Augen und stellen Sie sich vor, Sie würden sie zum ersten Mal betrachten und hätten so etwas nie zuvor gesehen. Worauf richtet sich Ihre Aufmerksamkeit zuerst? Die Farbe? Der gebogene Stiel? Die Zartheit der Blütenblätter?

❀ Was sehen Sie noch? Bewegt sich etwas? Ist da ein Duft wahrnehmbar?

❀ Versuchen Sie, über Ihren ersten Eindruck hinauszugehen. Vielleicht sind die Farben der Blüte dezenter oder variantenreicher, als Sie gedacht haben. Vielleicht erkennen Sie am Stiel eine Textur, die Sie zuvor nicht bemerkt haben. Zwingen Sie sich nicht dazu, etwas zu sehen; lassen Sie es zu, dass sich Ihnen die Natur der Blume von selbst offenbart.

Neugier

Durch Achtsamkeit begegnen wir allem, was geschieht, mit freundlicher Neugier. Wir kultivieren eine fragende Grundhaltung und sind offen dafür, in Staunen versetzt zu werden – auch von Dingen, die wir bislang für gewöhnlich gehalten haben.

Der Antrieb des Entdeckergeistes ist die Neugier, die als unheimlich starker Impuls wirken kann. Albert Einstein sagte einst: „Ich habe keine speziellen Begabungen, ich bin bloß leidenschaftlich neugierig." Wir betrachten diese Art von Neugier oft als rein aktive Eigenschaft – als ob Wissen etwas wäre, was man ausgraben muss wie einen Schatz. Doch Neugier – im Sinne der Achtsamkeit und in Einsteins Verständnis – ist

Achtsame *Neugier* ist der Drang, länger hinzusehen, zu beobachten, wie sich eine Schicht nach der anderen auflöst und den Blick auf etwas Tieferes *freigibt*.

eher eine Art zugewandtes Zuhören, ein Aufhorchen, ein hohes Erwartungslevel. Neugier in diesem Sinne ist etwas, das wir in uns selbst kultivieren können, und das Ergebnis kann uns in Staunen versetzen. Wenn wir zum ersten Mal davon hören, dass wir unsere Atmung erforschen sollen, mag das wie die langweiligste Sache der Welt klingen. Doch wenn wir damit beginnen, erhaschen wir einen Blick auf die vielen spannenden „Empfindungsschichten", die in einem einzigen Atemzug enthalten sind.

Achtsame Neugier ist der Drang, länger hinzusehen, zu beobachten, wie sich eine Schicht nach der anderen auflöst und den Blick auf etwas Tieferes freigibt. Unsere Art der Neugier stellt eine sanfte Frage – und sie wartet geduldig auf eine Antwort. Allgemeine Neugier kann ein Antrieb für unser Achtsamkeitstraining sein. Sie ermöglicht uns, die Welt rund um uns neu zu entdecken – die Welt, von der wir gedacht haben, dass wir sie kennen. Erforschen Sie die Antworten auf diese Fragen – oder auf ähnliche, die Ihnen selbst einfallen:

1. Was passiert, wenn ich eine Woche lang jeden Tag drei Minuten lang meditiere?

2. Wie fühlt es sich an, während einer Arbeitsbesprechung achtsam zu sein?

3. Wie fühlt sich mein Zorn an?

4. Wie fühlt sich mein Körper genau jetzt an?

5. Kann ich die Zwischenräume zwischen meinen Zehen fühlen?

6. Was fühle ich, wenn ich meine Hand flach auf den Tisch lege?

Probieren Sie es aus:

Mit der WOW-Technik können Sie alltägliche Dinge auf amüsante Weise mit Neugier erkunden. Dazu müssen Sie nur alles, was Sie sehen und erleben, so betrachten, als wäre es verblüffend und neu – es ist ein WOW! wert. Probieren Sie es unter der Dusche aus: WOW, dieses Shampoo riecht so fruchtig! WOW, wie schön die Tropfen sind, die sich auf den Fliesen bilden! WOW, ich kann die Hitze des Wassers auf meiner Haut fühlen – echt erstaunlich …

Nicht urteilen

Wenn wir uns in Achtsamkeit üben, versuchen wir, durch Nicht-Urteilen ein wenig Abstand zwischen das, was passiert, und unsere Gefühle dazu zu bringen. Wenn es nötig ist, können wir innehalten, um zu entscheiden, was wir nun tun wollen.

Unser Urteil ist ein wichtiger Bestandteil dessen, wie wir uns die Welt erschließen. Der Verstand neigt von Natur aus dazu, sämtliche Erfahrungen, die wir machen, zu prüfen und zu beurteilen. Doch dieser Prozess verläuft bisweilen so automatisch, dass wir ihn gar nicht mehr bemerken – das macht uns blind für die reale Situation, die wir gerade erleben.

Wenn wir beginnen, auf unser Denken zu achten, erkennen wir, dass der Verstand ständig Etiketten verteilt. Wir klassifizieren und katalogisieren alles, mit dem wir in Kontakt kommen: gut oder schlecht, nötig oder unnötig, meines oder deines etc. Das ist nicht immer von Nachteil: Aufgrund unseres Urteils unterscheiden wir zum Beispiel zwischen sicher und unsicher oder wir ziehen uns ohne nachzudenken von etwas zurück, das Schmerzen bereitet. Doch Achtsamkeit verlangt von uns, einen Schritt zurückzutreten und sowohl die Rohdaten unserer Erfahrung

Indem wir Erfahrung und *Urteil* trennen und die mentalen Etiketten ablösen, können wir die Realität des *Augenblicks* klarer erleben.

zu betrachten als auch den Überzug, den wir ihr überstülpen. Indem wir Erfahrung und Urteil trennen und die mentalen Etiketten ablösen, können wir die Realität des Augenblicks klarer erleben.

Stellen Sie sich vor, Sie versäumen einen Zug. Sie beurteilen die Situation als schlecht, weil Sie es hassen, zu warten. Doch wenn Sie Ihr Urteil erkennen und die Situation betrachten, wie sie ist, dann erkennen Sie vielleicht, dass Sie ein paar Minuten der Stille genießen oder einen Anruf, den Sie aufgeschoben haben, erledigen können. Nicht zu urteilen erlaubt uns, jede Erfahrung aus einer neuen Perspektive zu sehen und zu lernen, wie man reflexhafte negative Reaktionen vermeidet.

Eines gilt es jedoch zu bedenken, wenn es um Nicht-Urteilen geht: Es ist nicht möglich, den Verstand vom Urteilen abzuhalten. Verurteilen Sie sich also nicht für das Urteilen: Dieser Weg mündet in eine absurde Spirale der Selbstkritik. Stellen Sie einfach fest, dass das Urteil vorhanden ist, und kehren Sie – wie immer – zum aktuellen Augenblick zurück.

Automatisches Urteilen
Probieren Sie es aus:
Verfolgen Sie eine halbe Stunde lang, wie viele Schnellurteile Sie fällen: Dieser Kaffee ist nur lauwarm, diese Frau sollte diese Kleidung nicht tragen, dieses Wetter ist schrecklich. Sie werden feststellen, dass Ihr Verstand eine urteilende Meinung zu absolut allem hat.

Akzeptanz

Wenn wir achtsam sind, widmen wir unsere Aufmerksamkeit dem, was in ebendiesem Augenblick geschieht, ohne uns von inneren Geschichten dazu ablenken zu lassen. Durch Akzeptanz können wir das, was passiert, annehmen, ohne es ändern zu wollen.

Häufig begegnen wir unseren Erfahrungen mit Widerstand. Was auch immer passiert, wir wollen es automatisch ändern oder verbessern. Sogar wenn alles gut ist, fürchten wir, dass es bald vorbei ist, und fragen uns, wie wir es aufrechterhalten können. Der Impuls, Erfahrungen abzulehnen oder sie festzuhalten, ist so verinnerlicht, dass wir vergessen haben, dass wir eine Wahl haben. Das ist wahre, positive Akzeptanz.

Akzeptanz wird oft missverstanden – Menschen halten das für Apathie oder Defätismus. Doch Akzeptanz bedeutet nicht, dass wir uns passiv mit allem abfinden, was passiert. Wenn wir uns in einer unangenehmen Situation befinden, kann es durchaus sinnvoll sein, sie zu verändern. Nehmen wir etwa an, Sie gehen auf der Straße ohne Mantel oder Schirm und plötzlich beginnt es zu regnen. Sie müssen nicht um jeden Preis nass werden. Sie können in einem Hauseingang Schutz suchen, bis es aufhört zu regnen. Akzeptanz wird dann wichtig, wenn wir eine Erfahrung nicht ändern können. Wenn wir also im Hauseingang Schutz gefunden haben, akzeptieren wir, dass wir nun hier warten, bis es zu regnen aufhört, und sorgen uns nicht, weil wir zu spät zur Arbeit kommen werden oder weil unsere neuen Wildlederschuhe nass geworden sind. Oder wenn Ihr Tagesablauf durch einen Schneesturm unterbrochen wurde: Machen Sie sich keine Sorgen über Dinge, die Sie nicht ändern können – machen Sie statt dessen Schneeengel.

Diese Art von Sorgen ist sinnlos – wir können das Wetter nicht beeinflussen, daher leiden wir völlig unnötig unter unserer Enttäuschung. Achtsamkeit lehrt uns, den Regen wahrzunehmen und uns anzupassen: Wir warten, bis es zu regnen aufhört, oder wir entscheiden uns, weiterzugehen in dem Wissen, dass wir nass werden. Akzeptanz erlaubt uns, weise und positive Entscheidungen zu treffen, die nicht durch unseren Widerstand unterlaufen werden.

Einer oder zwei Pfeile?

Die Grundhaltung der Akzeptanz lässt sich zusammenfassen mit den Worten: *Schmerz ist sicher, Leiden ist optional.* Wir können Schmerz nicht vermeiden – wir alle erleben Enttäuschungen, Krankheit, Verletzungen und Verlust.

> *Akzeptanz* wird oft missverstanden – Menschen halten das für Apathie oder Defätismus. Doch *Akzeptanz* bedeutet nicht, dass wir uns passiv mit allem abfinden, was passiert.

Doch wir haben die Wahl, wie wir mit Schicksals-schlägen umgehen. Der achtsame Zugang besteht darin, das Ereignis und die schmerzvollen Gefühle, die damit einhergehen, zu akzeptieren. Der Unerfahrene leistet Widerstand, beklagt sein Unglück und fragt sich vielleicht: „Warum ich?" Er beschuldigt andere, verleugnet das, was passiert, oder versucht, sich mit Essen, Alkohol, Drogen, Fernsehen oder anderen Tätigkeiten, die den Geist abstumpfen lassen, abzulenken.

Buddha verglich den Schmerz oder einen Unglücksfall mit einem Pfeil, der einen Mann in die Brust trifft; wenn man darauf mit mentalem Ärger reagiert, ist das wie ein zweiter Pfeil. Wir können den ersten Pfeil nicht vermeiden, doch wir haben die Wahl, den Schmerz des zweiten Pfeiles zuzulassen oder auch nicht. Wenn wir den ursprünglichen Schmerz akzeptieren, stellen wir fest, dass er nicht so überwältigend ist, wie wir gefürchtet haben, und dass er – wie alles – mit der Zeit vergeht. Durch Akzeptanz lernen wir, mit den wiederkehrenden Härten des Lebens umzugehen.

Geduld

Wenn wir beginnen, Achtsamkeit zu praktizieren, nehmen wir ein Hetzen wahr, das vieles von dem, was wir tun, durchzieht. Geduld bedeutet, den Dingen zu erlauben, sich in der ihnen eigenen Zeit zu entfalten – ob uns das passt oder nicht.

Meistens dient unsere Eile gar keinem Zweck. Sie haben sicher schon Menschen erlebt, die an die Spitze der Warteschlange für ihren Flug eilen oder die auf der Autobahn überholen – vielleicht haben Sie es auch selbst schon getan. Doch jeder in dem Flugzeug wird im selben Moment landen; und in einem Stau ist es nutzlos, aus reiner Ungeduld den Wagen vor Ihnen zu überholen. Diese Art der Eile ist buchstäblich sinnlos; sie erzeugt nur Stress. Vielleicht empfinden wir einen Zeitdruck beim Zubereiten des Essens – weil alle hungrig sind –, doch dieses Gefühl verwandelt die angenehme Tätigkeit, unsere Lieben zu versorgen, in etwas Negatives.

Geschwindigkeit ist nicht immer wichtig. Wenn es etwas länger dauert als geplant, macht das meistens nichts oder nicht viel aus. Achtsame Geduld bedeutet oft, keine nutzlosen Erwartungen zu hegen, denn Erwartungen sind per definitionem Hoffnungen oder Ängste, die die Zukunft betreffen, daher halten sie uns davon ab, im Hier und Jetzt zu sein. Sie dachten, die Fahrt würde eine Stunde dauern – tatsächlich dauert sie eineinhalb Stunden. Sie werden etwas später ankommen als gedacht – na und?

Rudyard Kipling forderte uns in seinem berühmten Gedicht „If" („Wenn") dazu auf, uns „Triumph und Sturz" zu stellen und „beide [...] als Schwindler" zu kennen. Das ist ein guter Rat – und er betrifft auch all unsere kleinen Katastrophen. Geduld ist die Fähigkeit, den Rückschlägen und Verzögerungen im Leben mit Gleichmut zu begegnen oder sogar mit trockenem Humor anstatt mit Ärger und Zorn.

Geduld ist die Fähigkeit, Rückschlägen und Verzögerungen im Leben mit *Gleichmut* zu begegnen oder sogar mit trockenem Humor anstatt mit Ärger und Zorn.

Probieren Sie es aus:

Halten Sie beim nächsten Mal im Supermarkt nicht nach der schnellsten Schlange an der Kasse Ausschau. Stellen Sie sich einfach an der nächsten Kasse an und nutzen Sie die Zeit, um das Warten bewusst zu erleben. Spüren Sie Ihren Körper, achten Sie darauf, wie Sie stehen, verfolgen Sie Ihre Atmung – ein und aus. Wenn Sie Frustration oder Ärger verspüren, weil die anderen Schlangen schneller vorrücken oder die Person vor Ihnen lieber tratscht als die Einkäufe einzupacken, registrieren Sie das und verfolgen Sie, wie es vorübergeht und sich von selbst auflöst. Ihre Schlange mag diesmal langsam sein, aber Sie werden das vermutlich ganz neu erleben.

Vertrauen

Eine weitere wichtige Grundhaltung für Achtsamkeit ist Vertrauen. Ein Gefühl des Vertrauens im Prozess der Achtsamkeit kann Ihnen beim Einstieg helfen sowie beim Druchhalten, auch wenn Ihnen Probleme begegnen.

„Vertrauen" klingt, wie „Glaube", vielleicht ein wenig dubios – als ob Sie sich zu etwas verpflichten, das Sie nicht wirklich verstehen. Das ist jedoch mit dem Wort Vertrauen in Zusammenhang mit der Achtsamkeit nicht gemeint, denn es hat hier viele Aspekte.

Vertrauen in Sie selbst

Wir alle erleben Momente des Selbstzweifels und einige von uns haben viel weniger Selbstvertrauen als andere. Mit Achtsamkeit bauen wir Vertrauen in uns selbst auf, in unsere Fähigkeit, uns selbst zu kennen. Sie erkennen, dass Sie nur selbst am besten (und als einzige Person) wissen können, was jederzeit in Ihrem Kopf und in Ihrem Körper vorgeht. Buddha lehrte, dass wir uns nicht so sehr auf die Worte von Lehrern (oder Autoren) verlassen sollten, sondern dass wir etwas nur dann als wahr erachten sollten, wenn wir es durch unsere Erfahrung bestätigen können. Vertrauen Sie also in Ihre Erfahrungen und in Ihre Fähigkeit, diese zu verstehen.

Vertrauen in den Prozess

Unzählige wissenschaftliche Studien bestätigen die wohltuenden Effekte von Achtsamkeit und

es mag hilfreich sein, sich neben Ihren eigenen Erkundungen auch damit zu beschäftigen. Doch letzten Endes müssen Sie selbst entscheiden, ob das Konzept der Achtsamkeit etwas für Sie ist oder nicht. Wenn Sie das bejahen, machen Sie weiter und probieren Sie es aus. Vielleicht profitieren Sie sofort, vielleicht aber auch nicht. Sie müssen der Theorie der Achtsamkeit vertrauen, um Ihr Training auch in schwierigen Zeiten fortzusetzen.

Vertrauen in Ihre Schwierigkeiten

Wenn Sie sich Ihren persönlichen Erfahrungen widmen, werden Sie vielleicht feststellen, dass dabei immer und immer wieder dieselben Probleme auftreten – zum Beispiel drängt sich vielleicht eine wiederkehrende Sorge in den Vordergrund, wenn Sie versuchen, still zu sitzen und zu atmen. Achtsamkeit hilft uns, negative Muster zu erkennen und sie zu verändern. Das kann einige Zeit dauern und dazwischen können auch Frustration und Verzweiflung auftreten. Vertrauen Sie darauf, dass diese Schwierigkeiten dazu da sind, Sie etwas zu lehren.

Vertrauen in Ihren Körper

Durch Achtsamkeit werden wir uns dessen viel stärker bewusst, was in unserem Körper vorgeht, und entwickeln dadurch ein immer stärkeres Vertrauen in seine Fähigkeiten. Das bedeutet, wir nehmen Botschaften unseres Körpers stärker wahr – wenn etwas unbequem ist oder Schmerzen verursacht. Dann können wir etwas unternehmen, um das zu ändern. Wenn wir Durst wahrnehmen oder das Bedürfnis, uns zu strecken, dann kann uns das letztlich zu einer gesünderen Lebensweise führen, was die Wahrscheinlichkeit für Erkrankungen senken kann.

Vielleicht *profitieren* Sie sofort, vielleicht aber auch nicht. Sie müssen der Theorie der Achtsamkeit *vertrauen*, um Ihr Training auch in schwierigen Zeiten fortzusetzen.

Machen Sie es auf Ihre Art

Denken Sie daran: Sie müssen Achtsamkeit nicht einfach finden, um darauf zu vertrauen. Seien Sie sich nur sicher, dass Sie es können – wie jeder andere auch. Sie können Achtsamkeit auf Ihre eigene Art und in der für Sie richtigen Zeit erkunden. Wenn Sie gerne zum Mittag meditieren, dann tun Sie es. Wenn Sie ein kleines Kind haben und keine Zeit für Meditation finden, versuchen Sie, achtsam mit Ihrem Kind zu spielen. Wenn Ihnen eine Übung einfällt, probieren Sie sie aus – vertrauen Sie sich selbst.

Nichts anstreben

Achtsamkeitsübungen sind kein Wettkampf. Sie sollten nicht versuchen, Achtsamkeit effektiver zu erlangen als andere, und am Ende gibt es auch keine Prüfung. Nichts anzustreben ist das Gegenteil von Drängen auf Ergebnisse.

Wenn wir etwas anstreben, steuern wir auf ein bestimmtes Ziel zu – wir versuchen, das, was wir tun, abzuschließen, sodass wir es auf unserer To-do-Liste abhaken und uns der nächsten Tätigkeit zuwenden können. Dieses Streben kann sich im Körper als Spannung bemerkbar machen, als Unfähigkeit, sich zu entspannen, oder als Impuls, weiterzumachen. Oder Sie nehmen Streben als Drängen in Ihrem Geist wahr, das Sie mahnt, weiterzumachen.

Im Alltag kann unser Streben gnadenlos sein. Oftmals müssen wir unsere Gefühle – Müdigkeit, Überlastung – unterdrücken, um weiterzumachen. Das verursacht Stress und ist letztlich kontraproduktiv. Durch Achtsamkeit begegnen wir diesem Streben mit Nicht-Streben, Nicht-Drängen. Letztlich erlaubt uns diese Haltung, endlich auszuruhen und zu heilen.

Wir sind daran gewöhnt, zu glauben, dass wir bei allem, was wir tun, super sein müssen, dass es sich lohnt, sich anzustrengen, und dass der Lohn für die Anstrengung Erfolg und Leistung ist. Achtsamkeit hindert Sie natürlich nicht daran, bestimmte Dinge in Ihrem Leben zu erreichen. Doch bei dieser Art, der Welt zu begegnen, müssen Sie sich nicht überanstrengen. Wenn wir in einem Garten sitzen, müssen wir uns nicht dazu zwingen, zu sitzen – wir sitzen bereits. Nicht-Streben erlaubt uns, im Sitzen zu ruhen, das Sitzen ohne Anstrengung, ohne Distanziertheit zu erleben – einfach nur zu sein oder zu sitzen.

Nicht-Tun

Bewusst aufhören, nach etwas zu streben, ist viel mehr als bloß eine Pause in der tagtäglichen Tretmühle. Es bedeutet, das Konzept des Nicht-Tuns anzunehmen, das unserer Lebenswelt eine unbeschreibliche Sanftheit und Zartheit verleiht. Zum Beispiel streben wir nicht danach, unsere Atmung so gut wie möglich wahrzunehmen; wir nehmen die Atmung einfach nur wahr. Wenn wir arbeiten, tun wir das nicht mit zusammengebissenen Zähnen – wir erledigen einfach die anstehende Aufgabe. Nicht-Streben heißt, das

Nichts anzustreben erlaubt uns, im Sitzen zu ruhen, das Sitzen ohne Anstrengung, ohne Distanziertheit zu erleben – einfach nur zu sein oder zu sitzen.

Bedürfnis nach Anstrengung loszulassen, wo es nicht benötigt wird. Bei der Achtsamkeit gibt es kein Ziel und kein Endergebnis – es gibt nur den Zustand Ihres Seins in diesem Augenblick.

Probieren Sie es aus:

Sitzen Sie eine Minute lang ruhig auf einem Stuhl. Nur sitzen, nur sein … Diese simple Aktivität sollte einfach sein, doch das ist sie nicht. Und zwar deshalb, weil wir an zielgerichtetes Tun gewöhnt sind. Der französische Philosoph Blaise Pascal, der im 17. Jahrhundert lebte, fasst das sehr gut zusammen: „Sämtliche Probleme der Menschheit gehen zurück auf die Unfähigkeit des Menschen, still und allein in einem Raum zu sitzen."

Loslassen

Dieses Prinzip stellt einen weiteren Aspekt unseres Umgangs mit der Realität dar. Loslassen bedeutet, dass wir nicht versuchen, Erfahrungen oder Emotionen festzuhalten – weil wir uns der Tatsache bewusst sind, dass Vergänglichkeit in der Natur aller Dinge liegt.

Loslassen ist die Fähigkeit, Dinge ziehen zu lassen – gute ebenso wie schlechte. Genauso, wie wir jeden Atemzug gehen lassen, um Platz für den nächsten zu machen, so können wir negative Gedanken, Gefühle, Empfindungen loslassen. Das heißt nicht, sie zu ignorieren oder sich vorzumachen, es würde sie nicht geben. Loslassen bedeutet, dass wir unsere Gefühle wahrnehmen, ihre Anwesenheit hinnehmen und verfolgen, wie sie von selbst wieder vergehen.

Bei der Meditation wird das Wegschieben negativer Erlebnisse Aversion genannt, das versuchte Festhalten an positiven Dingen nennt man Klammern. Sowohl das Wegschieben als auch das Klammern beruhen auf der irrigen Annahme, dass wir unsere Erfahrungen kontrollieren könnten. Das können wir nicht – und der Versuch, das Unmögliche zu vollbringen, führt nur zu Leid. Unsere Emotionen kommen und gehen wie das veränderliche Wetter. Wenn es

stürmt, ist es das einzig Vernünftige, zu warten, bis der Sturm vorüber ist; sich zu wünschen, dass er vorbei wäre, ist zwecklos. Ebenso zwecklos ist es, sich zu wünschen, dass die Sonne an einem perfekten Tag nicht untergehen möge – und noch dazu lenkt Sie dieser Wunsch davon ab, den Augenblick zu genießen, und macht Sie traurig.

Wichtig ist, festzustellen, dass wir an negativen Gefühlen ebenso festhalten können wie an positiven. Eine schwermütige Grundhaltung kann zum Beispiel Teil einer dichterischen Pose sein – von der wir vielleicht glauben, dass sie uns für andere interessant macht. Oder es kann der achtsame Tribut sein, den wir unseren Verstorbenen oder unseren Enttäuschungen zollen: ein symbolischer Blumenstrauß, den wir jeden Tag an einem imaginären Grab niederlegen. Hier können wir lernen, loszulassen, und wir werden danach sehr wahrscheinlich glücklicher sein.

Loslassen bedeutet, dass wir unsere *Gefühle* wahrnehmen, ihre Anwesenheit hinnehmen und verfolgen, wie sie *von selbst* vergehen.

Probieren Sie es aus:

Wenn ein Baby lernt, Objekte zu ergreifen, weiß es noch nicht, wie es loslassen kann. In dem Moment, wo es erkennt, dass die Objekte zu Boden fallen, wenn es sein Händchen öffnet, reagiert es darauf mit Staunen und Vergnügen – fragen Sie Eltern, die ein und dasselbe Ding hundertmal aufheben mussten. Ergreifen Sie ein weiches Objekt mit Ihrer Hand und öffnen Sie diese dann, um es loszulassen. Beachten Sie, dass Sie die Hand dazu öffnen, also etwas tun müssen. Mit dieser bewussten Wahl können wir auch alte Denkmuster loslassen.

Mitgefühl

Als wichtiger Teil der Achtsamkeit bildet Mitgefühl eine Art Gegengewicht zu intellektuellen Fähigkeiten wie etwa Neugier und bringt Weichheit und Wärme in die achtsame Praxis.

Mitgefühl bedeutet Sanftheit und Güte, sowohl zu anderen als auch zu uns selbst. Es umfasst auch Tiere und unsere Umwelt. Im Folgenden drei wichtige Elemente von Mitgefühl:

❀ Wenn wir Mitgefühl zeigen, betrachten wir unsere Unzulänglichkeiten und Schwierigkeiten mit Wohlwollen und Verständnis.

❀ Wenn wir unsere eigenen Leiden und Probleme mit Mitgefühl betrachten, erkennen wir auch das Leid der anderen und sehen, dass wir mit dieser Erfahrung nicht allein sind. Unsere Nachbarn, Kollegen, Eltern,

Kinder – sie alle mühen sich ab wie wir. Durch Mitgefühl lernen wir zu verstehen, dass wir mit anderen und mit der Welt rund um uns verbunden sind.

❀ Wenn wir mitfühlend handeln, haben wir den Mut, der realen Situation und unseren Gefühlen so zu begegnen, wie sie sind – ohne Übertreibung oder Bagatellisierung.

Mitgefühl geht stets einher mit Nicht-Urteilen und wirkt als Gegenmittel gegen Selbstkritik, die so viele von uns betreiben. Für viele Menschen ist Mitgefühl die am schwierigsten

Eine sanftere Welt

Eine mitfühlende Grundhaltung zeigt sich auf vielerlei Arten. Vielleicht bemerken Sie die Anstrengungen und Mühen kleiner Lebewesen in Ihrer Umgebung – anstatt unachtsam durch ein Spinnennetz zu laufen, könnten Sie zum Beispiel anerkennen, dass die Spinne um ihr Dasein kämpft, wie wir alle, und einen Bogen um das Netz machen. Sie könnten Ihr Mitgefühl auch auf Pflanzen ausdehnen und sich die Zeit nehmen, sich um einen vernachlässigten Teil des Gartens zu kümmern.

einzunehmende Haltung. Häufig denkt man, Mitgefühl für sich selbst zu haben wäre ein Zeichen von Schwäche. Aber Mitgefühl ist etwas ganz anderes als Selbstmitleid – wo man sich selbst zum Opfer stilisiert und die Wichtigkeit der eigenen Gefühle übertreibt. Mitgefühl bedeutet, den Mut zu haben, die Wirklichkeit des Menschseins ungeschönt wahrzunehmen, mit all dem Chaos, das dazugehört, und voll zu akzeptieren, wer wir sind.

Wenn wir Mitgefühl für uns selbst empfinden, kann es sein, dass lange begrabener Schmerz an die Oberfläche steigt. Manche von uns sind dann traurig, weil wir so lange gebraucht haben, zu uns selbst freundlich zu sein. Wenn wir Achtsamkeit leben, beginnen wir genau dort, wo wir sind, und lassen die Vergangenheit los, doch manchmal benötigen wir dazu die Unterstützung eines erfahrenen Lehrmeisters oder Therapeuten.

Durch *Mitgefühl* lernen wir zu verstehen, dass wir mit anderen und mit der Welt um uns herum *verbunden* sind.

Häufige Hindernisse

Ebenso wie es Grundhaltungen gibt, die sich für die Achtsamkeit als hilfreich erweisen, so gibt es auch Hindernisse, die sich uns vermutlich stellen werden. Doch keines davon ist unüberwindbar: Sie können alle Blockaden, denen Sie begegnen, überwinden.

Hindernissen und Herausforderungen können wir auf vielerlei Arten begegnen. Wichtig ist vor allem Mitgefühl – denn Sie wollen sicher nicht, dass die Achtsamkeit zur Peitsche wird, mit der Sie sich selbst geißeln. Ebenso wichtig ist es, offen und flexibel zu bleiben. Doch die Basis jedes Trainings ist der verbindliche Entschluss: Sie müssen sich klar für den Weg der Achtsamkeit entscheiden und ihn beibehalten.

Wenn Zweifel auftreten

Es wird Zeiten geben, in denen Sie sich überfordert, traurig oder verärgert fühlen. Paradoxerweise können solche Phasen vermehrt – nicht seltener – auftreten, wenn wir uns unserer inneren Landschaft bewusster werden. In solchen Zeiten kann es schwierig sein, weiterhin an die Achtsamkeit zu glauben. Um da hindurchzusteuern, benötigen wir die hilfreiche Haltung des Vertrauens (siehe Seite 32–33). Wir können dem Zweifel auch Platz einräumen – das heißt, wir setzen das Training fort, auch wenn wir skeptisch sind und seinen Nutzen bezweifeln. Sie können Ihre Zweifel sogar dazu nutzen, das Zurechtkommen mit Unsicherheiten zu üben – eine nützliche Fähigkeit für jedermann.

Das Gefühl, „gut darin" sein zu müssen

Es hat einen Grund, warum wir von Achtsamkeit und Meditation als „Praktik" sprechen, denn das ist etwas, was Übung erfordert und woran wir arbeiten müssen. Wenn wir also denken, wir wären „schlecht" in Meditation, ist das genauso, wie wenn wir von einem Kleinkind sagen würden, es wäre „schlecht" beim Laufen. Es ist besser, das Wort „ungeübt" zu benutzen.

Trotzdem sehen manche Menschen Achtsamkeit als ein Talent wie das Spielen eines Instruments. Es ist vermutlich besser, sie als Lehre zu betrachten. Kein Neuling würde erwarten, dass er sofort „gut" beim Verputzen oder beim Nähen ist. Daher müssen wir den Wunsch, von Anfang an gut zu sein, loslassen – hier kommt der „Anfängergeist" ins Spiel. Mit der Zeit beherrschen wir unser Handwerk immer besser, doch wir müssen uns stets dabei konzentrieren. Ebenso dürfen wir auch eine spezielle Achtsamkeitsübung nicht als „schlecht" oder „misslungen" betrachten. Achtsamkeit und Meditation sind

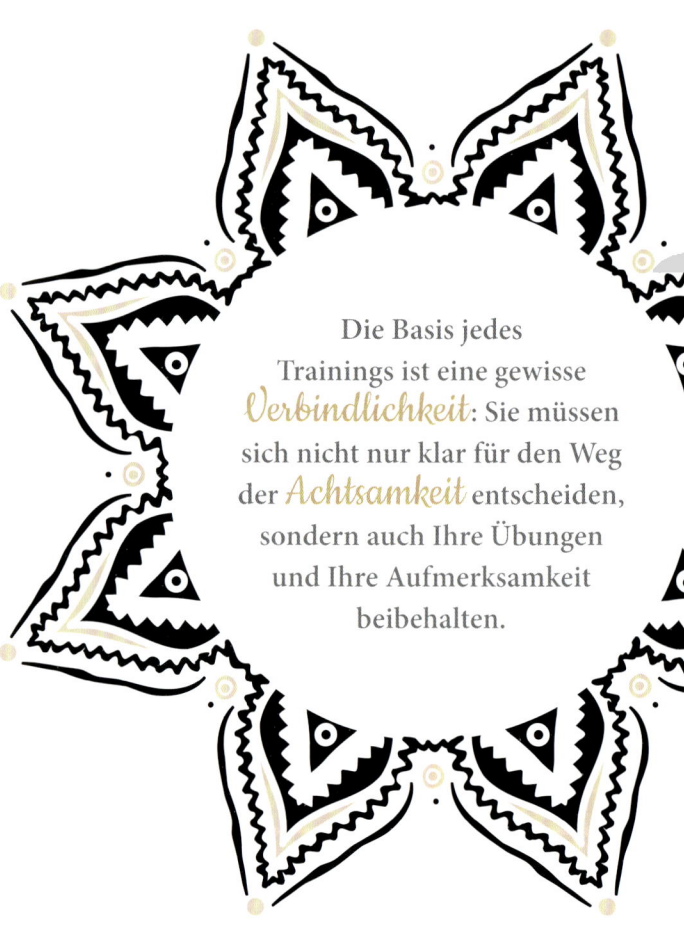

Die Basis jedes Trainings ist eine gewisse *Verbindlichkeit*: Sie müssen sich nicht nur klar für den Weg der *Achtsamkeit* entscheiden, sondern auch Ihre Übungen und Ihre Aufmerksamkeit beibehalten.

wie das Leben: facettenreich und veränderlich. Keine Achtsamkeitsübung ist ein kompletter Kosmos – daher ist keine Praktik objektiv gut oder schlecht, ebenso wenig wie sonnige Tage objektiv besser wären als windige.

Muss Achtsamkeit „funktionieren"?

Achtsamkeit hat vielerlei Nutzen und es ist nur natürlich, wenn wir die Erwartung haben, dass wir Resultate erzielen. Auch wenn uns Achtsamkeit einen Weg zeigt, sofort im Hier und Jetzt zu sein, dürfen wir nicht erwarten, dass sie uns „repariert" oder in wunderschöne gleichmütige Wesen verwandelt. Wir sind immer noch wir selbst. Doch mit der Zeit können wir durch Achtsamkeit mehr Objektivität gegenüber unseren Gefühlen und Gedanken erlangen – ein Wandel, der uns hilft, ruhiger zu werden, aber auf eine sehr sanfte Art.

Achtsamkeit im Alltag

Den Tag beginnen

Wir können Achtsamkeit bei den einfachsten Aspekten unseres Alltags anwenden. Sogar Geschirrspülen lässt sich in einen meditativen Prozess verwandeln. Wir beginnen hier mit dem Morgen.

Diese ersten Momente nach dem Aufwachen können kostbar und wunderschön sein – eine kurze Spanne erhöhter Wahrnehmung und Ruhe vor dem Start in den aktiven Tag. Greifen Sie also nicht sofort nach Ihrem Handy, um das Wetter oder die Nachrichten zu checken (oder Ihre geschäftlichen E-Mails). Versuchen Sie, nicht gleich im Geiste eine To-do-Liste anzulegen oder sich wegen Bevorstehendem zu sorgen.

Machen Sie stattdessen sofort, wenn Sie aufwachen, zwei achtsame Atemzüge. Atmen Sie ein und nehmen Sie das Einatmen wahr; atmen Sie aus und nehmen Sie das Ausatmen wahr. Beachten Sie jeden Impuls, den Prozess zu beschleunigen, aber bleiben Sie mit Ihrer Aufmerksamkeit bei der Atmung. Achten Sie auf Gedanken, die auftauchen, zum Beispiel „Ich höre die Kinder" oder „Ich hasse meinen Job" – und kehren Sie stets mit Ihrer Aufmerksamkeit zu Ihrer Atmung zurück.

Versuchen Sie, mit Ihrem Mund ein Lächeln zu formen – Sie müssen ihn nicht zu einem breiten Grinsen verziehen, aber der physische Vorgang des Lächelns hat einen positiven Effekt auf Ihre Stimmung, auch wenn Sie es nur vortäuschen. Machen Sie noch einen Atemzug – ein und aus. Öffnen Sie die Augen und stehen Sie langsam auf.

Versuchen Sie, diese achtsame Wahrnehmung beizubehalten, wenn Sie Ihre morgendliche Routine fortsetzen. Am besten wäre es, wenn Sie gleich als Erstes meditieren könnten, aber wenn das bei Ihnen nicht möglich ist, wählen Sie zumindest eine alltägliche Tätigkeit aus, die Sie mit achtsamer Wahrnehmung ausführen. Sie können:

- achtsam duschen
- achtsam die Zähne putzen
- achtsam Ihr Bett machen
- achtsam Ihr Frühstück zu sich nehmen
- achtsam das Frühstücksgeschirr spülen
- achtsam eine Tasse Tee trinken
- sich achtsam auf ein schönes Objekt konzentrieren
- eine Minute lang sitzen üben, bevor Sie das Haus verlassen

Probieren Sie es aus: Achtsames Zähneputzen

Wir wissen, dass wir unsere Zähne zweimal täglich zwei Minuten lang putzen sollten, doch die meisten von uns tun es kürzer. Und während wir putzen, denken wir oft an unsere Pläne oder Sorgen, die vor uns liegen. Nutzen Sie das Zähneputzen heute dazu, die Sinne zu aktivieren und im Hier und Jetzt zu sein.

1. Atmen Sie zu Beginn tief ein und aus. Nehmen Sie Ihre Absicht wahr, zu Ihrer Zahnbürste zu greifen – und wie Sie diese von den anderen hier im Badezimmer unterscheiden.

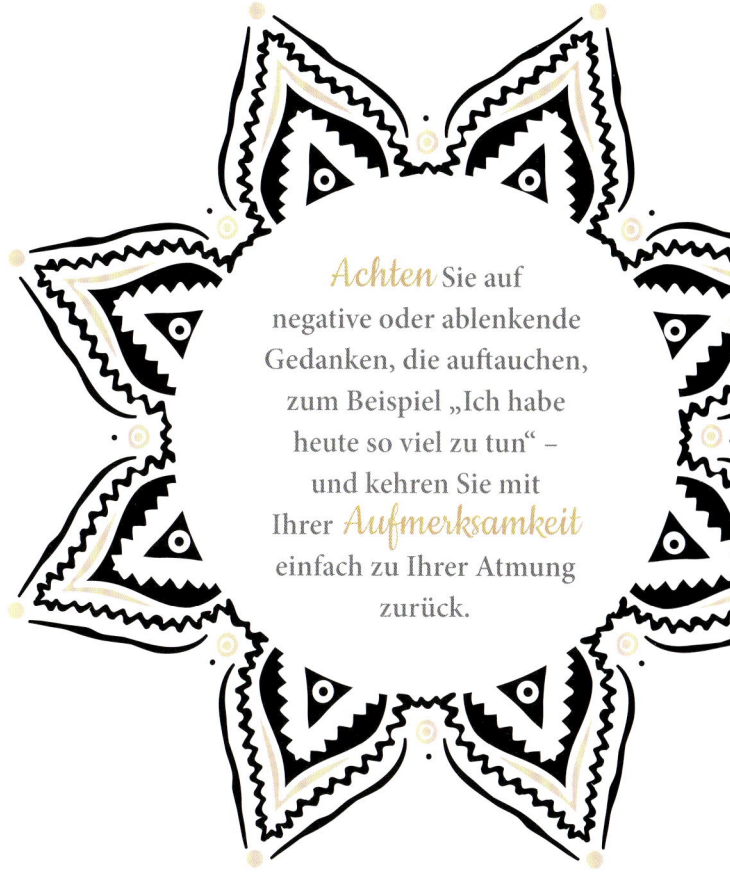

Achten Sie auf negative oder ablenkende Gedanken, die auftauchen, zum Beispiel „Ich habe heute so viel zu tun" – und kehren Sie mit Ihrer *Aufmerksamkeit* einfach zu Ihrer Atmung zurück.

2. Nehmen Sie wahr, wie sich Zahnpastatube und Zahnbürste in Ihrer Hand anfühlen und ebenso die Handlungen, mit denen Sie die Zahnpasta auf die Zahnbürste drücken. Achten Sie auf die körperlichen Vorgänge, wenn Sie den Wasserhahn öffnen, die Bürste unter das fließende Wasser halten und den Hahn dann wieder schließen.

3. Nehmen Sie das Aussehen und die Farbe der Zahnpasta auf der Bürste wahr und wie sie auf den Borsten liegt.

4. Führen Sie die Zahnbürste an Ihren Mund und beachten Sie, dass der gesamte Arm an dieser Bewegung beteiligt ist.

5. Achten Sie auf den Geschmack der Zahnpasta und darauf, wie sich Ihr Mund öffnet, um die Zahnbürste einzulassen.

6. Beginnen Sie nun langsam, Ihre Zähne zu putzen. Fühlt es sich kalt an, wenn die Bürste zum ersten Mal die Zähne berührt? Was schmecken Sie – ist es minzig oder süß? Fühlt sich die Zahnpasta weich, grobkörnig oder schaumig an?

7. Verfolgen Sie, wie es sich anfühlt, wenn die Bürste über die einzelnen Zähne gleitet, während Sie sich verschiedenen Bereichen Ihres Mundes widmen.

8. Beobachten Sie sich beim Zähneputzen selbst im Spiegel. Nehmen Sie alle Empfindungen wahr, die sich in Ihrem Arm oder Ihrer Hand einstellen, während Sie die Zahnbürste in Ihrem Mund umherführen, und wie sich die Bürste an den Zähnen anfühlt. Lauschen Sie dem Geräusch des Putzens.

9. Versuchen Sie, die Absicht des Ausspülens wahrzunehmen, bevor Sie ausspülen – wie fühlt sich das an? Bleiben Sie mit Ihrer Aufmerksamkeit bei Ihren Zähnen, während Sie bürsten, und achten Sie auf auftauchende Gedanken.

10. Spüren Sie nach, wie sich die Innenseiten der Zähne und der Wangen anfühlen, und nehmen Sie den frischen Geschmack in Ihrem Mund wahr, wenn Sie fertig sind.

Sieben Ideen zu einem achtsamen Morgen

Achtsamkeitsübungen gleich am Morgen sind hilfreich, weil Ihr Geist dadurch gleich in einen Zustand erhöhter Aufmerksamkeit kommt. Diese Zeit eignet sich wunderbar für eine formale Meditation, doch Sie können Achtsamkeit auf vielerlei Arten in Ihre morgendliche Routine integrieren.

❀ *Organisieren Sie sich* am Abend zuvor – Legen Sie Ihre Kleidung zurecht und packen Sie alles, was Sie für den Tag benötigen, in Ihre Tasche.

❀ *Legen Sie sich einen richtigen Wecker zu* – Wenn Sie Ihr Handy verwenden, führen Sie sich selbst in Versuchung. Es ist nur allzu leicht, die Hand auszustrecken und spätnachts oder frühmorgens Ihre E-Mails zu checken, was Sie in den Arbeitsmodus versetzt, wenn Sie eigentlich ruhen sollten.

✿ *Erkennen Sie Ihre Stressoren* – **Denken Sie** an das, was Ihnen morgens Stress bereitet: Suchen Sie oft nach Ihren Schlüsseln, dann kümmern Sie sich bereits am Abend darum. Wenn alle zugleich das Bad benutzen wollen, überlegen Sie, wie Sie die morgendlichen Abläufe verändern können.

✿ *Schenken Sie sich selbst Zeit* – **Stehen Sie** 15 Minuten früher auf als nötig. Nutzen Sie diese Zeit für eine kurze Meditationsübung oder etwas, was Ihnen auf achtsame Weise Vergnügen bereitet – vielleicht mit Ruhe und Freude eine Tasse Tee im Bett zu trinken.

✿ *Begrüßen Sie die Welt* – **Öffnen Sie die** Vorhänge oder Jalousien und halten Sie kurz inne, um den Himmel draußen wahrzunehmen.

✿ *Setzen Sie Prioritäten* – **Lange To-do-** Listen können eine Überforderung sein. Wählen Sie die drei wichtigsten Aufgaben aus, die Sie heute erledigen müssen, und konzentrieren Sie sich auf diese – eine nach der anderen. Vielleicht hilft es Ihnen, wenn Sie die To-do-Liste am Abend zuvor schreiben.

✿ *Schlafen Sie ausreichend* – **Wenn Sie** müde sind, ist es schwieriger, bewusst und aufmerksam zu sein. Prüfen Sie Ihre abendlichen Abläufe und sorgen Sie dafür, dass Sie ausreichend Schlaf bekommen.

Achtsamkeit unterwegs

Die meisten von uns machen jeden Tag eine kurze Fahrt. Ob wir nun mit dem Auto, dem Fahrrad oder mit öffentlichen Verkehrsmitteln unterwegs sind, meistens tun wir das wie auf Autopilot. Das ist sehr schade, denn diese Kurztrips sind eine Chance, im Hier und Jetzt lebendig zu sein.

Die meisten von uns sind nicht gerne Pendler. Studien haben gezeigt, dass das Wohlbefinden auf dem Weg zur Arbeit von Minute zu Minute abnimmt. Viele empfinden diese täglichen Fahrten als Belastung und es gibt viele Gründe dafür, sie abzulehnen – überfüllte Busse, Stau, Wind und Regen oder einfach nur das Gefühl, dass wir uns zwischen zwei Orten befinden und diese Zeit verloren ist.

Wir reagieren darauf häufig mit Aversion – wir verdrängen die Erfahrung. Doch wenn wir diese Erfahrungen nicht ändern können, verursacht das Verdrängen nur weiteren Stress. Wenn wir die Erfahrung stattdessen akzeptieren, wird alles einfacher.

Im Folgenden sind einige Tipps für achtsames Reisen beschrieben. Wenn Sie sich auf eine Reise oder Fahrt vorbereiten, nehmen Sie sich genügend Zeit, um ohne Hast rechtzeitig fertig zu werden. Bevor Sie das Haus verlassen, setzen Sie sich noch für einen kurzen Augenblick hin und folgen Sie Ihrer Atmung.

Öffentliche Verkehrsmittel

Die schwierigsten Aspekte beim öffentlichen Verkehr sind mögliche Verspätungen und die erzwungene Nähe zu anderen Menschen. Lesen oder Musikhören können auf angenehme Weise eine Barriere schaffen, doch das ist eine Flucht. Nutzen Sie die Zeit stattdessen positiver, um Meditation und Achtsamkeit zu üben. Versuchen Sie es mit dieser Technik:

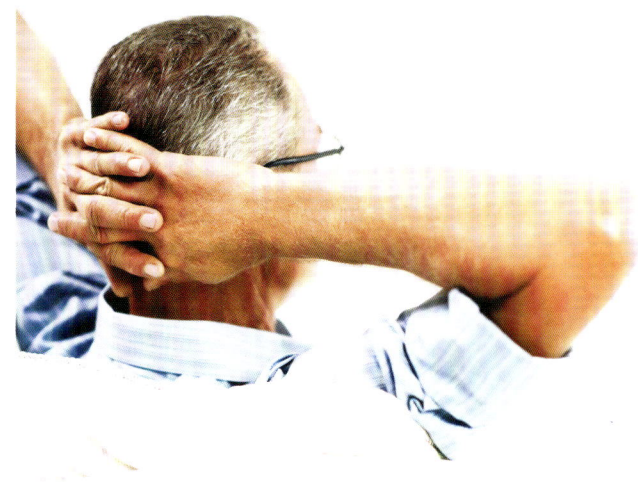

- ❀ Konzentrieren Sie sich zwischen den Stationen auf Ihre Atmung.

- ❀ Richten Sie Ihre Aufmerksamkeit auf Ihre Körpervorgänge. Spüren Sie den Sitz, die Härte des Bodens unter Ihren Füßen?

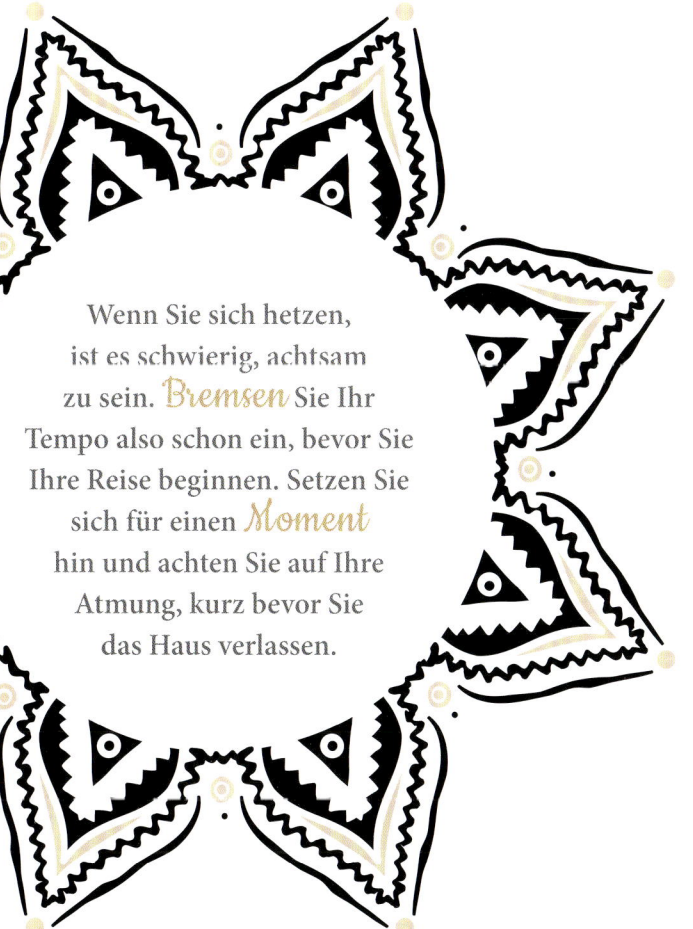

Wenn Sie sich hetzen, ist es schwierig, achtsam zu sein. *Bremsen* Sie Ihr Tempo also schon ein, bevor Sie Ihre Reise beginnen. Setzen Sie sich für einen *Moment* hin und achten Sie auf Ihre Atmung, kurz bevor Sie das Haus verlassen.

- ❀ Lassen Sie Urteile wie „bequem" oder „unbequem" los, achten Sie auf Ihre Eindrücke. Lassen Sie die Dinge sein, wie sie sind.

- ❀ Achten Sie auf Geräusche – den Rhythmus der Räder auf den Schienen, das Motorgeräusch des Busses, Ihre eigene Atmung, Gespräche.

- ❀ Üben Sie die 54321-Technik: Nehmen Sie fünf Dinge wahr, die Sie sehen, hören und fühlen können, dann vier, dann drei, dann zwei, dann eines. Zählen Sie mit Ihren Fingern mit – Sie können dieselben Dinge verwenden oder jedes Mal neue, was immer Ihnen auffällt.

- ❀ Wenn Sie die Menschen rund um Sie wahrnehmen, betrachten Sie sie als Wesen, die fühlen und denken wie Sie. Können Sie ihnen (still) das Beste wünschen? Welche Technik Sie auch anwenden, irgendwann werden Sie abgelenkt sein. Bringen Sie Ihre Aufmerksamkeit sanft zurück zu dem, was Sie gerade tun. Dadurch kommen Sie entspannter und erfrischter an Ihrem Ziel an, als wenn Sie dasitzen und über all die Unannehmlichkeiten brüten.

Gehen

Wenn wir irgendwo hingehen, beschäftigen wir uns in Gedanken oft mit dem, was wir tun werden, wenn wir ankommen – und bevor wir es bemerken, verlieren wir uns in einem ungeordneten Gedankenstrudel. Versuchen Sie, sich in jedem einzelnen Moment Ihrem Weg zu widmen, ohne an Ihr Ziel zu denken. Sie können an die Empfindungen an Ihren Fußsohlen denken, um sich zu fokussieren. Versuchen Sie es – es beansprucht Sie mehr, als Sie denken.

Nehmen Sie wahr:

- ❀ wie die Ferse den Boden berührt
- ❀ wie der Rest des Fußes abrollt
- ❀ wie Sie sich mit Zehen und Ballen abdrücken

Sie müssen nicht langsamer gehen als sonst, gehen Sie einfach in Ihrem natürlichen Tempo. Vielleicht stellen Sie fest, dass Sie langsamer werden, wenn Sie auf diese achtsame Weise gehen; das ist okay, aber versuchen Sie nicht aktiv, es zu ändern. Ihr Geist wird sich während des Gehens unvermeidlich ablenken lassen durch das, was Sie sehen, hören, riechen. Achten Sie auf das, was Sie wahrnehmen, solange es Ihre Aufmerksamkeit fesselt – vielleicht sehen Sie etwas Schönes oder Interessantes – und verlagern Sie Ihren Fokus dann wieder auf Ihre Füße, wenn Ihre Gedanken weiterwandern oder wenn Sie das Objekt Ihrer Aufmerksamkeit hinter sich lassen.

Fahren

Fahren kann stressig sein, weil es sowohl fokussierte Konzentration erfordert als auch breite Aufmerksamkeit. Und trotzdem passiert vieles beim Fahren automatisch. Es ist uns kaum bewusst, dass wir in den Rückspiegel blicken oder das Lenkrad drehen – wir tun das instinktiv. So fahren Sie achtsamer: Achtsames Fahren unterscheidet sich natürlich sehr von Meditation. Sie müssen zum Beispiel Ihre Augen offen halten, und anstatt den Fokus nach innen zu richten, müssen Sie jederzeit schnell reagieren können.

- ❀ Sitzen Sie eine Minute lang still und atmen Sie bewusst ein und aus, bevor Sie losfahren. Nehmen Sie sich für Ihre Fahrt bewusst vor, das Geschehen achtsam wahrzunehmen.

- ❀ Versuchen Sie, fokussiert zu bleiben – fahren Sie gleichmäßig, bremsen und beschleunigen Sie sanft. Achten Sie auf das, was vor Ihnen passiert; dann ist die Wahrscheinlichkeit, dass Sie scharf abbremsen müssen, geringer. Halten Sie sich an das Tempolimit. Auf diese Weise reduzieren Sie den Benzinverbrauch und die Fahrt wird weniger stressig.

- ❀ Lassen Sie weder Radio noch Musik laufen, damit Sie sich voll dem Augenblick widmen. Nehmen Sie wahr, wenn urteilende Gedanken auftauchen, Ärger über schlechte Fahrer oder unberechenbare Fußgänger – und lassen Sie diese Gefühle los.

⚜ Beachten Sie auch die Vorgänge in Ihrem Körper; nehmen Sie wahr, wie Ihre Hände das Lenkrad umfassen, wie Ihre Füße auf den Pedalen ruhen, wie sich Ihr Kopf bewegt, um in die Spiegel zu blicken, etc.

⚜ Nutzen Sie jeden Stopp, um wahrzunehmen, was in Ihrem Körper und in Ihrem Geist vorgeht. Atmen Sie tief ein und nehmen Sie verspannte Stellen wahr, zum Beispiel, wenn Sie das Lenkrad umklammern oder die Zähne zusammenbeißen. Oft genügt es, bloß wahrzunehmen, wo wir verspannt sind, damit sich Verspannungen von selbst auflösen.

Achtsamkeit am Arbeitsplatz

Achtsamkeit zu fördern ist bei vielen Unternehmen zum beliebten Managementtool geworden. Große Konzerne wie Google und Facebook haben Meditationsgruppen gebildet, denn solche Aktivitäten sollen die Effektivität am Arbeitsplatz fördern.

Während die Förderung von Achtsamkeit in Konzernen natürlich zu begrüßen ist, müssen wir doch daran erinnern, dass diese Technik nicht dazu gedacht ist, die Karriere voranzutreiben: Sie dient Ihrem persönlichen Wohlbefinden. Für viele von uns ist der Arbeitsplatz jener Ort, wo wir uns am intensivsten weiterentwickeln und anstrengen. Er ist aber auch oft die Quelle von Stress und Druck.

Übungen in Achtsamkeit können hilfreich sein, um Ihr Berufsleben im Auge zu behalten. Und regelmäßige Meditation kann Sie unterstützen, in der Balance zu bleiben, wenn der Druck größer wird. Sie können Achtsamkeit auf verschiedenste Weise in Ihre Arbeitswelt integrieren.

Nacht. Und die University of British Columbia fand heraus, dass sich Menschen weitaus weniger gestresst fühlten, wenn Sie die E-Mail-Benachrichtigungen abstellten und ihre E-Mails nur noch dreimal täglich checkten. Interessanterweise gaben die Studienteilnehmer an, dass es ihnen schwerfiel, auf drei Mal zurückzuschrauben – ein Zeichen dafür, dass das Checken von E-Mails bereits zum zwanghaften Verhalten geworden war.

Auf Pausen achten

Es passiert ganz leicht, dass wir an einem hektischen Arbeitstag dazu verleitet werden, ohne Pause von einer Aufgabe zur nächsten zu hetzen. Doch es gibt immer eine winzige Pause zwischen Ihren Aktivitäten, die Sie nutzen können, um zu einem achtsameren Verhalten zurückzufinden.

„Singletasking"

Viele von uns glauben mittlerweile, dass Multitasking etwas Gutes ist. Doch die Forschung hat gezeigt, dass sich das Gehirn nicht zwei anspruchsvollen Aufgaben gleichzeitig widmen kann. Beim Multitasking springen wir in Wahrheit zwischen den beiden Aufgaben hin und her – was weit weniger effektiv ist, als wenn wir uns jeweils nur einer Aufgabe widmen. Vergessen Sie also Ihre Multitasking-Versuche – konzentrieren Sie sich stattdessen darauf, erst eine Aufgabe achtsam zu erledigen, dann die nächste und dann die nächste …

Um Singletasking leichter zu machen – und Ihren Stress zu reduzieren –, könnten Sie Ihre E-Mail-Benachrichtigungen ausschalten. In einer Studie der University of London wurde festgestellt, dass der IQ von Menschen bei Ihren Leistungen um ganze zehn Punkte fiel, wenn sie versuchten, während ihrer Routinearbeiten auch ihre E-Mails im Auge zu behalten. Der negative Effekt war größer als nach einer schlaflosen

Achtsamkeit an Ihrem Arbeitsplatz zu leben, kann sich positiv auf Ihre beruflichen *Perspektiven* auswirken.

Machen Sie jedes Mal, wenn Sie etwas fertigstellen – einen Bericht, ein Telefonat, ein Gespräch – einen tiefen Atemzug: ein und aus. Richten Sie Ihre Aufmerksamkeit auf Ihren Körper und nehmen Sie wahr, wie er sich anfühlt – sind Ihre Schultern verspannt, sitzen Sie gebückt? Halten Sie einen Augenblick inne, um unnötige Anspannungen zu lockern, bevor Sie Ihre Arbeit fortsetzen. Schließen Sie für einen Moment Ihre Augen oder stehen Sie einfach kurz auf.

Achtsamkeit hält uns dazu an, unser Tempo bewusst zu verlangsamen, zu atmen und den *Inhalt* dessen, was gesagt wird, zu hören.

Prioritäten setzen

Halten Sie Ihre To-do-Liste kurz. Wenn so viele Dinge auf Ihrer Liste stehen, dass diese unmöglich zu schaffen sind, werden Sie viel Zeit damit vergeuden, sich Sorgen über all das zu machen, was Sie nicht leisten können. Entscheiden Sie lieber jeden Abend darüber, was Sie am nächsten Tag erledigen wollen, und beschränken Sie sich dabei auf maximal drei Dinge. Wenn das zu schwierig ist, schreiben Sie zwei Listen: eine, auf die Sie alles schreiben, was zu tun ist, und eine, auf der nur die drei wichtigsten Dinge für den nächsten Tag stehen. Widmen Sie der wichtigsten Aufgabe Ihre volle Aufmerksamkeit, wenn Sie daran arbeiten.

Wirklich zuhören

Wenn Sie mit anderen Menschen interagieren, dann widmen Sie ihnen Ihre volle Aufmerksamkeit und hören Sie zu was sie zu sagen haben.

Das macht es auch leichter, andere Meinungen und Kritik zu akzeptieren. Wie? Weil sich viele von uns isoliert und verärgert fühlen, wenn wir kritisiert werden. Achtsamkeit hält uns dazu an, unser Tempo bewusst zu verlangsamen, zu atmen und den Inhalt dessen, was gesagt wird, zu hören, anstatt sich von Gefühlen überwältigen zu lassen. Sie hilft uns, eine Pause zwischen unserer instinktiven emotionalen Reaktion (vielleicht Ärger oder Frustration) und der realen Situation zu erkennen. Dadurch können wir uns dafür entscheiden, ruhiger und weiser zu reagieren.

Zum Hier und Jetzt zurückkehren

Mit ruhigem Geist ist es leichter, zum Hier und Jetzt zurückzukehren. Wenn Sie sich bereits ängstlich oder gestresst fühlen oder in einem Gedankenstrudel gefangen sind, kann es schwieriger sein. Hier sind drei hilfreiche Tipps, wie Sie zum Hier und Jetzt zurückkehren können.

1. Ihr Körper

Körperliche Empfindungen können hilfreich sein, wenn es nicht möglich ist, dass Sie sich auf Ihre Atmung konzentrieren. Suchen Sie die Toilette auf, um sehr langsam und bewusst Ihre Hände zu waschen. Nehmen Sie dabei jede einzelne Empfindung wahr. Oder schenken Sie sich ein Glas eiskaltes Wasser ein und nehmen Sie einen Schluck. Nennen Sie das im Geiste „nippen". Nehmen Sie die Kälte beim Nippen wahr.

2. Gehen

Wenn wir ängstlich sind, hilft es oft, sich zu bewegen. Wenn Sie also hinausgehen können, schreiten Sie zuerst flott voran und schwingen Sie Ihre Arme; verlangsamen Sie nach und nach Ihr Tempo, wenn es für Sie passt.

3. Auf die Füße konzentrieren

Wenn Sie sitzen müssen und nicht umhergehen können, versuchen Sie, die Aufmerksamkeit nach unten zu richten. Fokussieren Sie Ihren linken Fuß. Beginnen Sie beim großen Zeh: Wie fühlt er sich an? Wie ist seine Position, spüren Sie die Lücken zwischen den Zehen? Spüren Sie den Empfindungen auch an der Sohle nach, an den Seiten, am Rist und am Knöchel.

Achtsames Essen

In unserer modernen Welt ist Essen zu einer Ablenkung geworden oder zu einer Quelle von Schuldgefühlen. Wir essen zu viel, zu wenig oder befürchten, das Falsche zu essen ... Achtsamkeit kann uns helfen, uns wieder auf die Freude des Essens zu besinnen.

Achtsames Essen heißt nicht, dass Sie Diät halten oder krampfhaft darauf achten müssen, was Sie essen. Es geht vielmehr um das Wahrnehmen des Augenblicks. Achtsamkeit kann uns helfen, schlechte Essgewohnheiten zu identifizieren, und uns die Freude am Essen zurückbringen. Hier sind einige Tipps, wie Sie Achtsamkeit in Ihre Mahlzeiten bringen können:

In Szene setzen

Wenn Sie Ihre Mahlzeiten ein wenig in Szene setzen, steigt Ihre Wertschätzung für das Essen. Legen Sie Besteck, Geschirr und Gläser auf dem Tisch zurecht; fügen Sie Blumen oder Kerzen hinzu, wie bei einem besonderen Anlass. Genießen Sie Ihr Essen.

Setzen Sie alle Sinne ein

Nehmen Sie sich Zeit, um das Aussehen und die Aromen Ihrer Mahlzeit aufzunehmen. Wenn Sie das Essen zum Mund führen, hören Sie auf das Knacken einer Nuss oder das sanfte Geräusch, wenn Sie Brot brechen. Seien Sie sich der verschiedenen Geschmacksnuancen bewusst und achten Sie darauf, wo in Ihrem Mund Sie diese wahrnehmen und wie sich das Essen auf Ihrer Zunge anfühlt.

Essen Sie langsamer

Legen Sie zwischen den einzelnen Bissen eine Pause ein – gegen den Impuls, weiterzuhetzen, hilft es, das Besteck jedes Mal kurz abzulegen. Unterstützen Sie Ihre Verdauung, indem Sie Ihre Nahrung ausgiebig kauen.

Nehmen Sie sich Zeit

Es dauert etwa 20 Minuten, bis der Körper ein Sättigungsgefühl entwickelt. Wenn Sie langsam essen, hält Sie das vielleicht davon ab, Nachschlag zu nehmen, den Sie nicht benötigen. Richten Sie eher kleine Portionen an, denn eine große Menge an Speisen auf dem Teller regt dazu an, mehr zu essen.

❀ Stille

Wenn Stille herrscht, können Sie sich besser auf den Akt des Essens konzentrieren. In Klöstern wird immer schweigend gegessen. Wenn Sie zusammen mit anderen Menschen speisen, kann es schwierig sein, still zu essen. Betrachten Sie diese Zeit dann vielleicht besser als Gelegenheit für ein gutes Gespräch. Planen Sie das Essen in Stille für ein anderes Mal – oder trinken Sie täglich eine ruhige Tasse Tee. Sie können auch die Übung zu achtsamem Essen auf Seite 58 ausprobieren.

❀ Ablenkung vermeiden

Versuchen Sie, nicht vor dem Fernseher oder dem Laptop zu essen. Forscher an der University of Birmingham fanden heraus, dass Menschen vor einem Bildschirm dazu neigen mehr zu essen, und dass achtsames Essen dazu führte, dass sie später weniger aßen. In einer weiteren Studie wurde festgestellt, dass Menschen, die beim Essen oder trinken geistig abgelenkt waren, mehr Zucker bzw. Salz benötigten, um zufrieden zu sein.

Achtsames Essen ist etwas völlig anderes als Diät zu halten oder sich zwanghaft mit dem Essen zu beschäftigen. Es ist nur eine andere Form des *Im-Hier-und-Jetzt-Seins.*

❀ *Danken*

In vielen Kulturen spricht man vor dem Essen einige Worte des Dankes. Auf diese wunderbare Art würdigen wir das Glück, dass wir genug zu essen haben; außerdem trägt dieses Ritual dazu bei, dass wir voll präsent sind, wenn wir zu essen beginnen.

❀ *Beim Essen ausschließlich essen*

Versuchen Sie während des Essens weder zu arbeiten noch etwas anderes zu tun. Wenn Sie multitasken, widmen Sie sich der Mahlzeit nicht vollständig und Sie werden sich nachher weniger satt fühlen. Wenn Sie hungrig sind und etwas essen müssen, dann halten Sie inne und widmen Sie sich mit voller Aufmerksamkeit Ihrem Imbiss.

Probieren Sie es aus: Die Tee-Meditation

Wie beschäftigt Sie auch sind, es gibt immer wieder Momente, in denen Sie völlig aufgehen können. Wenn Sie eine sorgfältig zubereitete, perfekte Tasse Tee trinken, können Sie dabei auf diese wunderbare Art Achtsamkeit üben, wie sie vom verehrten Achtsamkeitslehrer, dem vietnamesischen Mönch Thich Nhat Hanh, gelehrt wird. Sie beinhaltet folgende Schritte:

1. Atmen Sie zu Beginn ein und aus. Achten Sie bewusst auf das Ein- und Ausatmen. Erkennen Sie, dass es in diesem Augenblick nichts zu tun gibt außer im Hier und Jetzt zu sein.

2. Ergreifen Sie die Tasse. Achten Sie auf die Wärme und das Gewicht der Tasse und wie sie sich in Ihren Händen anfühlt.

3. Führen Sie die Tasse an Ihre Nase und erlauben Sie sich, ohne den Duft bewusst einzuatmen, das Aroma des Tees und die Hitze des Getränks an Ihren Nasenlöchern wahrzunehmen.

4. Führen Sie die Tasse zum Mund und beachten Sie dabei, wie Ihre Hand und Ihr Arm genau wissen, wo sich dieser befindet. Registrieren Sie eventuell Ihr Verlangen, den Tee zu trinken – ein Gedanke taucht auf, Speichel bildet sich, die Lippen öffnen sich unwillkürlich.

5. Fühlen Sie die Tasse an Ihren Lippen, während Sie sich auf den ersten Schluck vorbereiten. Verfolgen Sie, wie sich der heiße Tee in Ihrem Mund anfühlt. Nehmen Sie seinen Geschmack wahr. Ist er in einem bestimmten Bereich Ihres Mundes stärker?

6. Verfolgen Sie bewusst den Akt des Schluckens – und achten Sie darauf, ob Sie den Impuls, zu schlucken, schon vorher wahrnehmen.

7. Spüren Sie nach, ob sich ein Gefühl der Wertschätzung einstellt, wenn Sie an dem Tee nippen. Wie fühlt sich das an? Wenn Sie erkennen, dass Sie sich in Gedanken verlieren, Frustration oder andere Gefühle verspüren, dann ist das in Ordnung – kehren Sie einfach mit Ihrer Aufmerksamkeit zu Ihrer Tasse Tee zurück.

8. Trinken Sie Ihre Tasse Tee und erfreuen Sie sich an jedem Schluck wie am ersten. Denken Sie daran, dass Ihnen das Vergnügen, eine Tasse Tee zu trinken, immer offensteht, wie arbeitsreich und stressig Ihr Tag auch ist.

9. Bei einer ähnlichen Achtsamkeitsübung geht es um die komplexen Schichten an Erfahrung, die in einem einzigen Bissen Essen enthalten sind. Oft verwendet man dazu eine Rosine, es funktioniert aber mit jedem aromatischen Lebensmittel – einem Stück Ihrer Lieblingsschokolade, einem Käsewürfel, sogar mit einem Glas Wein oder Bier.

Im Flow sein

Unseren Hobbys und Freizeitaktivitäten widmen wir uns wie von selbst mit voller Aufmerksamkeit. Wenn wir Sport betreiben oder basteln, den Garten pflegen oder klettern gehen, versinken wir in dieser Tätigkeit auf eine natürliche Weise, die der Achtsamkeit sehr ähnlich ist.

Wenn wir uns vollständig einer Tätigkeit widmen, können wir echte Freude empfinden. Einen ähnlichen Zustand können wir durch Meditation und Achtsamkeit erreichen – hier wird er der „Sein"-Modus genannt. Wir kennen die Phrase „in etwas aufgehen", und Psychologen nennen diesen Zustand „Flow". Im Flow-Zustand versinken Sie in einer Aktivität, Körper und Geist arbeiten in Harmonie. Es gibt kein Urteilen, keine Vorfreude, nur das Einssein mit dem Prozess. Bei Tätigkeiten im Flow erleben

Menschen Achtsamkeit, auch wenn sie davon noch nie gehört haben. Athleten empfinden das beim Wettkampf, Jogger, wenn sie ihren Rhythmus finden und wissen, dass sie stundenlang so weiterlaufen könnten, Autoren und Künstler, wenn sie sich im kreativen Prozess verlieren.

Bei Tätigkeiten im Flow gibt es für gewöhnlich klare Ziele. Wir lieben es, auf diese Weise Zeit zu verbringen, sie fordern den Geist ausreichend und befriedigen uns, weil wir selbst die Kontrolle darüber haben und uns nicht von jemand anderem sagen lassen müssen, was wir zu tun haben. Der Psychologe Mikhail Csíkszentmihály, der den Begriff „Flow" erfunden hat, meinte, dass das die Zeiten sind, wo wir am glücklichsten sind. Hier sind einige Flow-Aktivitäten, die Ihnen vielleicht helfen, achtsam zu sein. Jeder Mensch ist anders – probieren Sie aus, was für Sie am besten passt:

❀ *Gartenarbeit*

Studien haben gezeigt, dass sich Gartenarbeit auf den Körper ähnlich beruhigend auswirken kann wie Meditation – etwa durch gesenkten Blutdruck und bessere Stimmung. Pflanzen zu hegen kann sehr befriedigend sein. Wenn Sie keinen Garten haben, könnten Sie Zimmerpflanzen ziehen oder Blumenkästen vor dem Fenster bepflanzen – oder freiwillig in einem Gemeindegarten mithelfen.

❀ *Sport*

Beim Laufen und Schwimmen sowie beim Golf oder Yoga kann man gut in den Flow kommen.

❀ *Kunst*

Malen, Zeichnen, Töpfern oder Färben – all das eignet sich wunderbar als Flow-Aktivität. Malbücher für Erwachsene werden in jüngster Zeit immer beliebter, denn sie können eine meditative Wirkung entfalten, ohne dass man dazu künstlerisch begabt sein muss.

❀ *Musik*

Singen, tanzen, ein Instrument spielen – all das muss im Augenblick getan werden, daher eignen sich diese Tätigkeiten großartig als Flow-Aktivitäten.

❀ *Handarbeit*

In einer Studie wurde nachgewiesen, dass sich Menschen nach dem Stricken besser fühlten, und andere Studien haben gezeigt, dass sich der Rhythmus des Strickens ähnlich positiv auswirkt wie Meditation. Ebenso für den Flow geeignet sind andere textile Arbeiten wie Nähen, Häkeln oder Sticken.

❀ *Schreiben*

Kreatives Schreiben kann Sie auf wunderbare Weise in den Flow versetzen. Tagebuchschreiben kann dasselbe bewirken. Auch beim Lesen guter Bücher kann man so richtig versinken.

❀ *Kochen*

Mahlzeiten zuzubereiten kann eine kreative Tätigkeit sein, in der Sie aufgehen. Versuchen Sie doch einmal, Ihr Abendessen achtsam zuzubereiten oder geben Sie sich dem Vergnügen hin, einen Nachmittag mit Backen zu verbringen.

Achtsamkeit und Hausarbeit

Wir neigen dazu, Hausarbeit als besonders geistlose Tätigkeit zu sehen, die wir so schnell wie möglich hinter uns bringen wollen. Doch da die meisten von uns Hausarbeit nicht vermeiden können, können wir ebenso gut einen Weg finden, sie zu einer angenehmen Beschäftigung zu machen.

Sie können Ihre emotionale Einstellung zu einer Tätigkeit einfach ändern, indem Sie ihr eine neue Bezeichnung geben. Anstatt „den Abwasch zu erledigen" widmen Sie sich der „Geschirrspülmeditation". Anstatt morgens die Betten zu machen, führen Sie die Übung „Achtsames Bettenmachen" durch. Wenn wir etwas mit einem neuen Etikett versehen, kann das einen transformatorischen Effekt auf Ihre Gefühle dazu haben. Und weil sich Haushaltstätigkeiten ständig wiederholen, eignen sie sich perfekt dazu, Achtsamkeit zu üben. Außerdem zeigt Ihnen das achtsame Erledigen von Hausarbeit, dass auch in einfachen Tätigkeiten wahre Freude liegt und dass jeder Augenblick des Lebens lebenswert ist. Dadurch erleben Sie das Gefühl intensiver, etwas vollbracht zu haben, wenn die Aufgabe erledigt ist, und empfinden Freude an der Tätigkeit.

„Das ist sinnlos", „Ich erledige das und gönne mir dann eine Tasse Tee"? Nehmen Sie einfach zur Kenntnis, was da ist.

Betrachten Sie den Wäscheberg. Falten Sie nun langsam das erste Stück. Konzentrieren Sie sich auf die Aufgabe, nehmen Sie die Farben der Kleidung wahr, wie das Licht darauf fällt, wie sich der Stoff anfühlt, wie das Waschmittel duftet. Arbeiten Sie sorgfältig, achten Sie darauf, wie sich Ihre Hände und Arme dabei bewegen. Widmen Sie sich vollständig der Erfahrung, das gefaltete Kleidungsstück auf einen Stapel zu legen. Falten Sie die Wäsche, als ob Sie das noch nie getan hätten – mit dem Anfängergeist.

Wenn Sie fertig sind, betrachten Sie den Stapel sorgfältig gefalteter Kleidung und erkennen Sie an, dass Sie diese Zeit genutzt haben, um Achtsamkeit zu üben. Überlegen Sie, wie Sie sich fühlen und ob sich die Tätigkeit anders angefühlt hat als sonst.

Tätigkeiten, die Sie wirklich nicht mögen – zu bügeln oder das Bad zu putzen –, eignen sich gut dafür, Akzeptanz zu üben. Wir alle müssen Dinge tun, die wir nicht mögen, deshalb schieben wir sie vor uns her, beklagen uns oder ärgern uns darüber. Das alles macht es nur noch schwerer – das ist der zweite Pfeil des Leidens, der auf Seite 29 beschrieben wurde. Das Einüben von Toleranz kann uns dabei helfen, die Dinge zu akzeptieren, die wir nicht ändern können.

„Achtsamkeit bei der Hausarbeit" kann Sie dabei unterstützen, in Kontakt mit Ihrem eigenen Widerstand zu kommen, wenn die Dinge nicht so sind, wie Sie sich das vorstellen. Und sie hilft Ihnen, Ihre Fähigkeit zu stärken, wenig schöne Erfahrungen zu tolerieren und zu akzeptieren. Wenn Sie mit anderen zusammenleben oder Kinder haben, können Sie Hausarbeit gemeinsam achtsam erledigen und dabei Ihr Kind Akzeptanz lehren.

Sie können jede Hausarbeit achtsam erledigen, etwa Wäsche zusammen zu falten. Halten Sie zu Beginn kurz inne, um bewusst zu atmen und in ihren Körper hineinzuspüren. Was empfinden Sie? Fühlen Sie Unmut oder Ungeduld? Welche Gedanken steigen auf?

Das Einüben von *Toleranz* in unserem eigenen Tempo kann uns dabei helfen, die Dinge zu *akzeptieren*, die wir nicht ändern können.

Hilfreiche Hinweise

Es ist schwierig, den ganzen Tag lang achtsam zu bleiben. Als hilfreich kann es sich erweisen, Gedächtnisstützen in Ihre tägliche Routine einzubauen. Wenn Sie diese Hinweise finden, werden Sie daran erinnert, achtsam zu sein.

Je öfter wir achtsame Momente erleben, umso eher werden wir eine tiefgreifende Haltung der Achtsamkeit entwickeln, die uns durch den Tag begleitet. Hier sind einige Techniken beschrieben, wie Sie sich immer wieder daran erinnern können, sich selbst zu überprüfen.

❀ Das Handy

Im modernen Leben haben sich viele von uns schon daran gewöhnt, ständig erreichbar zu sein: Wir haben die Möglichkeit verloren, ganz für uns zu sein, und vielleicht auch die Fähigkeit, in Anwesenheit anderer Menschen ganz präsent zu sein. Wenn das Handy läutet, dann greifen Sie nicht sofort danach, um abzuheben; oder wenn Sie den Ton hören, dass eine Nachricht eingetroffen ist, betrachten Sie das als Signal, einmal bewusst ein- und auszuatmen.

❀ Ein Schmuckstück

Wenn es etwas gibt, das Sie jeden Tag tragen, dann könnte das als Ihr Achtsamkeitshinweis fungieren. Jedes Mal, wenn Sie diese Uhr, diesen Ring oder dieses Armband sehen, halten Sie kurz inne: Sind Sie sich dessen bewusst, was Sie gerade tun? Wie fühlt sich Ihr Körper an? Wie ist Ihre Atmung?

❀ Einen Alarm einstellen

Sie können einen Achtsamkeitsalarm auf Ihren Computer downloaden, der zu jeder

Stunde (oder dann, wenn Sie es einstellen) klingelt – suchen Sie einfach nach „mindfulness bell" („Achtsamkeitsglocke"). Wenn das Klingeln ertönt, erinnern Sie sich daran, sich zu überprüfen – wie fühlt sich Ihr Körper an? – oder bewusst zu atmen oder spazieren zu gehen.

❁ Durchgänge

Türen sind ein exzellenter Achtsamkeitshinweis. Im Verlauf eines Tages werden Sie durch viele Türen und Eingänge gehen. Wenn Sie eine Schwelle überschreiten, achten Sie bewusst darauf, dass Sie nun von einem Raum in den nächsten schreiten, und nehmen Sie wahr, wo Sie sich sowohl mental als auch physisch befinden.

❁ Kochendes Wasser

Wenn Sie in Ihren Pausen gern eine Tasse Tee oder Kaffee zubereiten, glauben Sie vielleicht, dass die Zeit, bis das Wasser kocht oder

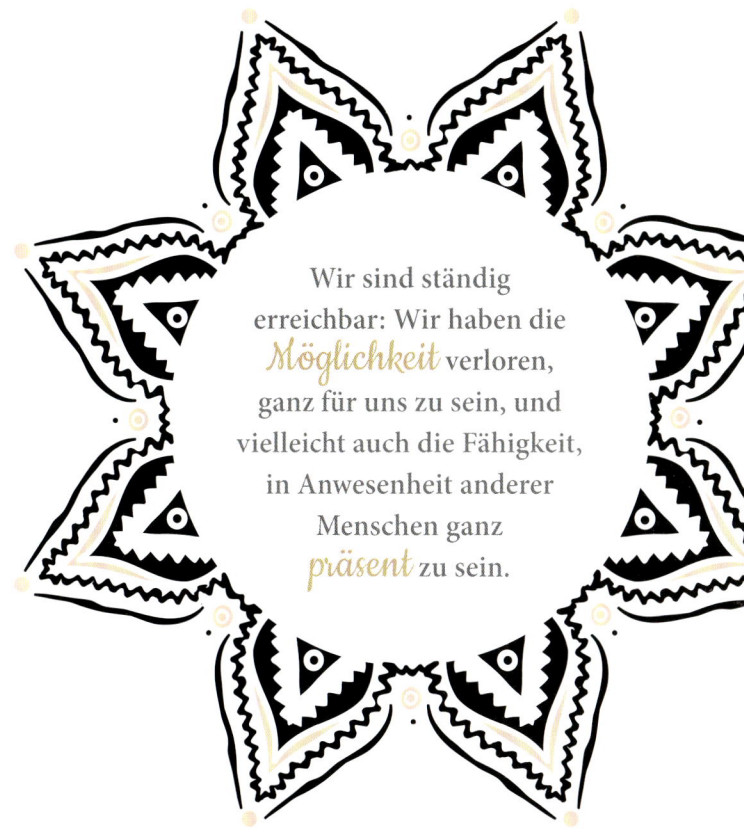

Wir sind ständig erreichbar: Wir haben die *Möglichkeit* verloren, ganz für uns zu sein, und vielleicht auch die Fähigkeit, in Anwesenheit anderer Menschen ganz *präsent* zu sein.

durchgelaufen ist, verlorene Zeit wäre. Das muss sie nicht sein: Es ist die perfekte Gelegenheit, achtsames Atmen zu üben, bis Ihr Getränk fertig ist.

❁ Sich hinsetzen

Unzählige Male im Laufe eines Tages setzen wir uns und stehen wieder auf. Machen Sie es sich zur Gewohnheit, dem Prozess des Hinsetzens und Aufstehens volle Aufmerksamkeit zu widmen. Und wenn Sie es vergessen, dann nehmen Sie wahr, wie sich der Stuhl unter Ihrem Gesäß und der Boden unter Ihren Füßen anfühlen.

Abschalten

In jüngster Zeit ist es schwieriger denn je geworden, achtsam zu leben, denn durch das Überhandnehmen elektronischer Geräte gibt es immer eine Möglichkeit, aus dem Hier und Jetzt zu flüchten.

Die meisten von uns verwenden ihr Smartphone öfter, als sie denken. Bei einer Untersuchung der Nottingham Trent University aus 2015 stellte sich heraus, dass die User ihre Smartphones 85 mal am Tag checkten. Die Benutzung des Handys ist nicht direkt das Problem, doch es zeigte sich auch, dass die User doppelt so oft, wie sie dachten, auf ihre Handys schauten. Mit anderen Worten, es ist zu einem Automatismus geworden, dessen wir uns nicht bewusst sind.

Mobile Geräte sind natürlich eine großartige und nützliche Technologie. Es wäre falsch, wenn nicht sogar zwecklos und absurd, wenn wir sie als modernes Teufelswerk verdammen würden.

Trotzdem ist es möglich, eine Sucht nach dem ständigen Checken des Smartphones zu entwickeln, oder nach dem Ton, der eine eingehende Nachricht anzeigt, oder nach den „Gefällt-mir"-Likes unter einem Posting. Es gibt noch eine weitere Möglichkeit, wie Ihr Handy oder Tablet Sie von achtsamem Sein abhalten kann. Das Handy ist stets griffbereit, und das bedeutet, dass es immer etwas gibt, mit dem sich unsere Gedanken beschäftigen können, anstatt dass wir in uns ruhen. Anders ausgedrückt: Auf diese Weise können wir unseren Geist in einem leeren „Tun"-Modus halten, anstatt in den „Sein"-Modus zu wechseln.

Natürlich müssen Sie Ihr Smartphone nicht auf den Müll werfen. Doch führen Sie sich die folgenden Tipps zu Gemüte, wie Sie den Gebrauch einschränken können, damit er nicht zur geistlosen Gewohnheit wird.

❀ Überlegen Sie, wann Sie Ihr Handy am häufigsten benutzen: Wenn Sie gelangweilt sind oder sich einsam fühlen? Gibt es etwas Produktiveres oder Lohnenswerteres, das Sie stattdessen tun könnten?

❀ Stellen Sie in den Einstellungen Ihres Smartphones sämtliche Benachrichtigungstöne für eintreffende SMS-Nachrichten, E-Mails oder Social Media ab. Alternativ dazu könnten Sie den Benachrichtigungston als Achtsamkeitshinweis sehen. Atmen Sie bewusst ein und aus, bevor Sie auf Ihr Handy blicken.

❀ Legen Sie fest, wann Sie Ihr Smartphone nicht benutzen wollen – im Bett, wenn Sie mit Ihren Kindern spielen, wenn Sie fernsehen. Halten Sie sich daran – legen Sie das Handy in einem anderen Zimmer ab.

❀ Wenn Sie ständig E-Mails oder Nachrichten auf Ihrem Handy checken, dann legen Sie bestimmte Zeiten dafür fest – dreimal täglich oder einmal pro Stunde. Wenn Sie das nicht schaffen, verlängern Sie die Zeiträume nach und nach: zuerst alle 15 Minuten, dann alle 30 Minuten, dann stündlich.

Das Handy ist stets *griffbereit*, und das bedeutet, dass es immer etwas gibt, mit dem sich unsere *Gedanken* beschäftigen können, anstatt dass wir in uns ruhen.

❀ Richten Sie zu Hause handyfreie Zonen ein – am Esstisch, im Schlafzimmer oder im Wohnzimmer. Sie können auch eine fixe Uhrzeit festlegen, ab der Sie Ihr Handy nicht mehr checken, zum Beispiel 21 Uhr.

❀ Gehen Sie auf Entzug und löschen Sie all jene Apps, die Sie die meiste Zeit kosten – oder alles, was nicht wichtig ist.

Ab ins Bett

Einer von drei Menschen leidet unter Schlafproblemen. Den Abend achtsam zu verbringen kann ein wirkungsvolles Mittel gegen Schlaflosigkeit darstellen – und die Abende werden auch angenehmer.

Die meisten Erwachsenen benötigen sieben bis neun Stunden Schlaf pro Nacht, doch mehr als zwei Drittel schlafen kürzer. Einer der Gründe dafür ist, dass wir einfach zu spät ins Bett gehen. Überlegen Sie als Erstes, wann Sie aufstehen müssen, und rechnen Sie zurück, wann Sie also schlafen gehen sollten. Wenn Ihr Wecker um 6 Uhr läutet, sollten Sie also spätestens um 23 Uhr im Bett sein.

Schlafexperten raten, stets denselben Schlafrhythmus beizubehalten, auch am Wochenende. Das ist nicht immer machbar, aber versuchen Sie, sich daran zu halten. Denken Sie daran, dass Ihr Einschlafritual bereits beginnt, bevor Sie das Licht ausschalten. Und Sie werden nicht um 23 Uhr schlafen, wenn Sie fünf Minuten vorher noch fernsehen. Die folgenden Tipps dienen der Vorbereitung auf eine erholsame Nachtruhe:

1. Setzen Sie sich eine „Abschalten"-Erinnerung. Stellen Sie auf Ihrem Handy einen Alarm ein, der Sie ein paar Stunden vor dem Zubettgehen daran erinnert, dass es jetzt Zeit ist, langsam zurückzuschrauben.

2. Achten Sie darauf, welche Begründungen Sie für Ihr langes Aufbleiben finden. Oft sind sie fadenscheinig – etwa eine TV-Sendung ansehen, die wir aufzeichnen oder auch ohne jeden Schaden verpassen könnten.

3. Benutzen Sie zwei Stunden vor dem Zubettgehen keine elektronischen Geräte mehr. Sie geben ein Licht ab, das die Produktion des körpereigenen Schlafhormons Melatonin verhindert.

4. Dimmen Sie das Licht, wenn es möglich ist. In vielen Badezimmern herrscht strahlendes Licht – versuchen Sie, Ihre Zähne nur im Licht der Spiegelleuchten oder im Dunkeln zu putzen.

5. Befolgen Sie ein Ritual. Vor dem Zubettgehen stets dieselben Dinge zur selben Zeit zu tun, bereitet uns auf den Schlaf vor – etwa ein warmes Bad und dann ein heißes Getränk, das auch den Körper auf die optimale Schlaftemperatur bringt. Sie können auch meditieren oder eine Yoga-Übung machen. Tun Sie das sorgfältig und aufmerksam, auf achtsame Art.

6. Vermeiden Sie jede mentale oder emotionale Aufregung oder mentale Stimulation (wie Computerspiele) oder schwierige Gespräche. Alles, was die Adrenalinausschüttung anregt, wirkt sich negativ auf Ihren Schlaf aus.

Achtsamkeit und Schlaf

In einer Studie des Stanford Medical Centre wurde festgestellt, dass die Teilnehmer an einem sechswöchigen Achtsamkeits- und Meditationsprogramm doppelt so schnell einschliefen wie zuvor. Das könnte damit zusammenhängen, dass Achtsamkeit hilft, jene Sorgen zu bekämpfen, die häufig in den schlaflosen Phasen auftreten und die uns davon abhalten, wieder einzuschlafen.

7. Wenn Sie im Bett sind – oder mitten in der Nacht aufwachen –, führen Sie die achtsame Atmung oder den Körperscan durch (siehe Seiten 82–85 und 96–98). Sie können auch zählen, wie viele Geräusche Sie hören. Wenn Sie nicht einschlafen können, finden Sie sich lieber mit der Situation ab, anstatt Widerstand zu leisten.

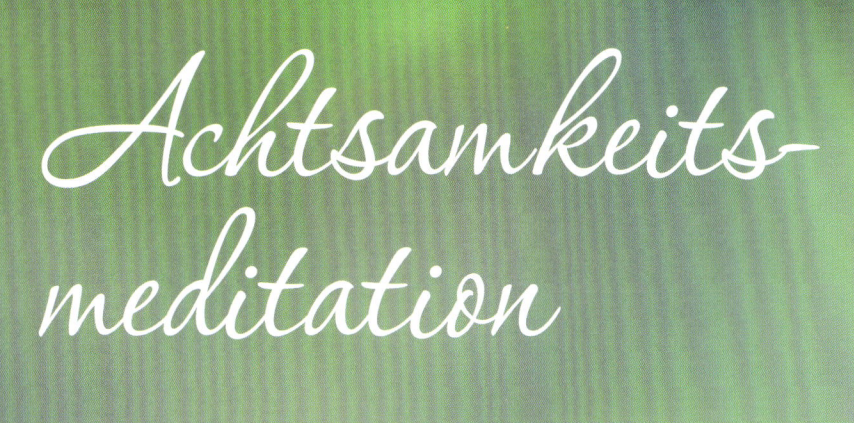

Achtsamkeits-
meditation

Meditation üben

Achtsamkeit ist nicht dasselbe wie Meditation, auch wenn sie zusammenhängen. Achtsamkeit heißt, dass wir unsere Aufmerksamkeit auf das richten, was wir tun – sie ist eine Lebensweise. Beim Meditieren widmen wir unsere Aufmerksamkeit der Erfahrung des Nichtstuns.

Viele Gründe sprechen dafür, zu meditieren, doch der vielleicht wichtigste ist, dass wir uns selbst durch Meditation besser kennenlernen. Wenn wir uns die Zeit nehmen, einfach nur zu sein, sind wir in der Lage, unsere Gedanken, Gefühle und die Empfindungen unseres Körpers ohne Ablenkung wahrzunehmen. Das erweitert unseren Geist und hilft uns wiederum, in einen Zustand der Gelassenheit zu kommen und größere Klarheit darüber zu erlangen, wer wir sind und was unsere Handlungen motiviert. Kurz gesagt, regelmäßiges Meditieren steigert unsere Fähigkeit, Achtsamkeit im Alltag zu leben.

Wenn wir uns die *Zeit* nehmen, einfach nur zu sein, sind wir in der Lage, unsere *Gedanken*, Gefühle und die Empfindungen unseres Körpers ohne Ablenkung wahrzunehmen.

Wirkung der Meditation

Achtsamkeitsmeditation ist eine sanfte, aber sehr mächtige Technik, die sich sehr positiv auswirkt. Dabei können jedoch bisweilen auch starke negative Gefühle oder schmerzhafte Erinnerungen zum Vorschein kommen. Man kann auf verschiedene Arten damit umgehen, aber wenn Sie sich damit überfordert fühlen, stellen Sie die Meditation ein und suchen Sie Rat bei einem Arzt, einem erfahrenen Therapeuten oder einem Achtsamkeitslehrer.

Auf Fotos sieht man die Meditierenden häufig lächeln. Das liegt nicht unbedingt nur daran, dass sie glückselig wären – auch wenn das durchaus der Fall sein kann –, sondern daran, dass ein Lächeln hilft, Spannungen im Gesicht abzubauen.

Es gibt unterschiedliche Formen der Meditation – doch bei der Achtsamkeitsmeditation geht es darum, einfach wahrzunehmen, was genau jetzt geschieht, mit einer Haltung der sanften Neugier und des Wohlwollens. Wir beginnen, indem wir die Atmung dazu nutzen, um uns im Hier und Jetzt zu verankern, aber wir können uns auch auf andere Aspekte unserer Sinneserfahrungen konzentrieren.

Zum Meditieren benötigen Sie keine Ausrüstung – Sie brauchen im Grunde gar nichts. Allerdings kühlt Ihr Körper aus, wenn Sie längere Zeit still sitzen. Vielleicht legen Sie daher einen dünnen Schal oder ein Tuch um Ihre Schultern, damit Sie es warm haben. Natürlich ist es von

Vorteil, wenn Sie Kleidung tragen, die Ihre Bewegungen nicht einschränkt, vor allem, wenn Sie am Boden sitzen und Ihre Knie beugen wollen. Mit einem oder zwei Kissen können Sie es sich bequemer machen (bequeme Positionen siehe Seite 78–81) und es kann sich als hilfreich erweisen, sich einen Wecker oder den Alarm auf Ihrem Handy zu stellen, damit Sie nicht ständig abgelenkt sind, weil Sie die Uhrzeit checken müssen. (Es ist generell eine gute Idee, schon vor dem Beginn Ihrer Meditation festzulegen, wie lange Sie meditieren wollen.)

Suchen Sie einen ruhigen Ort auf, an dem Sie nicht gestört werden. Dieser kann im Freien oder im Haus sein, was Ihnen lieber ist. Viele Menschen meditieren gerne jeden Tag am selben Ort. Diesen Ort sauber zu halten ist ebenfalls hilfreich, dann werden Sie nicht durch Objekte abgelenkt oder durch den Gedanken, dass Sie endlich aufräumen sollten. Schalten Sie Ihr Handy ab oder legen Sie es anderswo ab.

Zeit für Meditation

Eine kurze Meditation pro Tag kann Ihnen an einem arbeitsreichen Tag das Gefühl geben, etwas Freiraum zu haben, doch die meisten von uns stehen ständig unter Zeitdruck. Es stimmt, Meditation „hineinzupressen" kann schwierig sein; vielleicht hilft es, wenn Sie Ihre Sichtweise ändern.

Wenn Sie überlegen, wie Sie eine Meditationsübung in Ihren Tagesablauf einbauen können, dann denken Sie an die Dinge, für die Sie sich Zeit nehmen. Wenn Sie etwa täglich mehrere Stunden abends fernsehen, dann können Sie nicht wirklich behaupten, Sie hätten keine fünf Minuten Zeit für eine Meditation. Wenn Sie mit sich selbst verhandeln, dann versuchen Sie, den Impuls, fernzusehen, wahrzunehmen. Sie müssen sich nicht davon abhalten – nehmen Sie nur den Drang wahr, das TV-Gerät einzuschalten. Sagen Sie: „Ich entscheide mich dafür, jetzt fernzusehen." Denken Sie nun darüber nach, ob Sie Zeit für Meditation haben. Es ist gesünder und ehrlicher, wenn Sie sagen: „Ich möchte nicht meditieren, ich möchte fernsehen", als wenn Sie sagen: „Ich habe keine Zeit zu meditieren." Wenn Ihr Tagesablauf dicht gedrängt ist, haben Sie vielleicht das Gefühl, noch eine weitere Aufgabe auf die To-do-Liste setzen zu müssen, was Sie noch mehr stresst. Und manchmal kann sich Meditation oder Yoga tatsächlich wie eine weitere Pflicht anfühlen.

Versuchen Sie, dieser Einstellung, alles als Pflicht zu empfinden, nachzuspüren – gibt es eine andere Sichtweise darauf? Machen Sie es sich selbst leichter. Sie können auch nur eine Minute täglich meditieren – legen Sie einen Zeitpunkt dafür fest, zum Beispiel immer nach dem Aufwachen. Oder seien Sie sich im Klaren darüber, dass Sie derzeit keine formalen Übungen machen, dafür konzentrieren Sie sich aber darauf, meditative Elemente in Ihren Alltag zu integrieren – zum Beispiel könnten Sie jeden Tag achtsam den Tisch abräumen. Im vorigen Kapitel finden Sie viele Anregungen dazu, wie Sie das anstellen können.

Oder tun Sie es einfach! Wenn Sie entdecken, was Achtsamkeit für Sie bewirken kann, können Sie für sich den Entschluss fassen, zu üben. Tragen Sie es in Ihren Kalender ein, streichen Sie ein paar von Ihren Plänen und

Machen Sie es sich selbst *leichter*. Sie können auch nur eine Minute täglich meditieren – legen Sie einen *Zeitpunkt* dafür fest, zum Beispiel immer nach dem Aufwachen.

anderen Verpflichtungen, hören Sie auf, fernzusehen. Faktum ist: Sie haben fünf Minuten Zeit und Sie können diese Zeit jeden Tag finden. Also können Sie auch beschließen, es in die Tat umzusetzen. Manchmal müssen wir uns selbst sanft, aber bestimmt schubsen, um anzufangen.

Wie Sie Ihre Meditation aufbauen
Hier sind einige Tipps und Techniken, wie Sie Ihr Vorhaben verankern und wachsen lassen.

❀ Klein beginnen

Setzen Sie sich ein Ziel, das nicht nur leicht zu erreichen ist, sondern lächerlich leicht. Anstatt sich vorzunehmen, 20 Minuten täglich zu meditieren, entscheiden Sie sich lieber für 30 Sekunden. Wenn Sie das ein oder zwei Wochen lang geschafft haben, erhöhen Sie auf eine Minute, dann auf fünf Minuten und so weiter.

❀ Frühmorgens

Es ist besser, frühmorgens zu meditieren – nicht nur, weil es dann erledigt ist, sondern weil es Sie für den ganzen Tag in eine achtsame Stimmung versetzt.

Verbindung schaffen

Es ist einfacher, die Meditationszeit einzuhalten, wenn Sie diese mit etwas anderem verbinden. Meditieren Sie zum Beispiel täglich nach Ihrer morgendlichen Tasse Tee.

Einen Wecker stellen

Stellen Sie einen Alarm auf Ihrem Handy ein, der Sie jeden Tag zur gleichen Zeit ans Meditieren erinnert, oder setzen Sie Ihre Meditation auf Ihre tägliche To-do-Liste, so Sie eine führen.

Den Entschluss fassen

Entschließen Sie sich dazu, täglich zu meditieren, und tun Sie es einfach. Wenn Sie glauben, dass Sie zu beschäftigt sind, erforschen Sie, was genau Sie damit meinen. Jeder hat eine Minute Zeit für eine einfache Meditation, ganz gleich, was sonst noch auf seinem Terminplan steht.

Zubehör bereithalten

Wenn Sie für Ihre Meditation Zubehör benutzen – einen bestimmten Winkel in einem Raum, einen Schal, die richtigen Kissen –, bewahren Sie alles an einem einzigen Ort auf. Wenn die Zeit kommt, können Sie einfach Platz nehmen und beginnen.

Wissen, warum Sie es tun

Überlegen Sie, warum Sie meditieren wollen. Gibt es einen besonderen Nutzen, den Sie sich erhoffen – etwa, weniger reizbar zu sein? Schreiben Sie „Ich möchte meditieren, weil …" auf ein Blatt Papier und bewahren Sie es sicher auf. Nehmen Sie es zur Hand, wenn Ihre Entschlusskraft ins Wanken gerät.

Nachsichtig zu sich selbst sein

Tadeln Sie sich nicht dafür, wenn Sie einen Tag ausgelassen haben. Beginnen Sie am nächsten Tag einfach von Neuem. Oder meditieren Sie zu einer späteren Tageszeit, wenn Sie eine Morgenmeditation versäumt haben.

Vertrauen haben

Setzen Sie Ihre Meditationsübungen fort, auch wenn Sie den Eindruck haben, dass es nicht funktioniert. Beschließen Sie, dass Sie eine bestimmte Zeitlang meditieren – wie auch immer es sich anfühlt. Das ist wichtig, denn innerer Friede stellt sich nicht immer sofort ein. Manchmal ist Meditation schwierig, langweilig oder frustrierend und wir stellen ihren Nutzen infrage. Wir müssen darauf vertrauen, dass es sich lohnt.

Ständiges Bemühen

Es heißt, es würde 21 Tage dauern, bis ein neues Verhalten fixiert wird, doch das ist ein Mythos. Sie müssen sich ständig bemühen, um ein Verhalten beizubehalten. Sie werden das Meditieren eher fortsetzen, wenn Sie das akzeptieren.

Niederschreiben

Schreiben Sie auf ein Blatt Papier, was Sie vorhaben: „Ich werde jeden Tag um 8 Uhr morgens fünf Minuten lang meditieren." Hängen Sie den Zettel irgendwo auf, wo Sie ihn sehen. Halten Sie im Gegenzug fest, wenn Sie eine Meditation aus einem bestimmten Grund auslassen möchten – „Ich lasse meine Meditation heute aus, weil …" Wenn es sich um eine fadenscheinige Begründung handelt, kann uns der Akt des Niederschreibens dabei helfen, dies zu erkennen.

Bequem und behaglich

Es gibt vier Grundpositionen für Meditationen: Sitzen, Liegen, Stehen und Gehen. Keine davon ist besser als die anderen, aber welche Sie auch wählen, Sie müssen es bequem haben.

Stellungen im Sitzen

Die meisten Menschen meditieren im Sitzen. Aufmerksam zu bleiben ist in dieser Stellung einfacher als im Liegen, und sie ist weniger anstrengend als das Stehen. Wenn wir an Meditation denken, stellen wir uns häufig Menschen vor, die im Lotussitz auf dem Boden sitzen. Die meisten von uns sitzen als Erwachsene allerdings nicht oft auf dem Boden, daher empfinden wir das vielleicht als ungewohnt und unbequem. Wenn dem so ist, setzen Sie sich auf einen Stuhl oder knien Sie. Das Wichtigste ist, dass Sie kein Unbehagen verspüren – wenn Sie Schmerzen haben, können Sie sich kaum auf Ihre Atmung

konzentrieren. Legen Sie die Hände auf die Oberschenkel oder in Ihren Schoß (vielleicht auf einem Kissen), damit sich Ihre Schultern entspannen. Wenn Sie Spannung in den Schultern verspüren, benötigen Sie vielleicht ein höheres Kissen.

✿ Auf einem Stuhl sitzen

Nehmen Sie einen Stuhl mit senkrechter Lehne und leicht gepolsterter Sitzfläche, eher einen Esszimmerstuhl als einen Armstuhl oder ein Sofa. Ihr Gesäß sollte in der Mitte der Sitzfläche Platz nehmen, damit Sie aufrecht sitzen, nicht gekrümmt oder nach hinten gelehnt. Wenn das zu schwierig ist, stecken Sie ein Kissen zwischen Rücken und Lehne. Ihre Füße sollten flach und etwa schulterbreit auf dem Boden stehen, Ihre Hüfte sollte etwas höher sein als Ihre Knie (dadurch wird das Becken nach vorne gekippt, was wiederum einen geraden Rücken unterstützt); dazu müssen Sie vielleicht ein Kissen unter Ihr Gesäß oder Ihre Füße legen. Bringen Sie Ihr Kinn ganz leicht in Richtung Brustkorb, um die Wirbelsäule vollständig zu strecken.

✿ Auf dem Boden sitzen

Wenn wir mit gekreuzten Beinen auf dem Boden sitzen, kippt das Becken nach hinten, was das aufrechte Sitzen erschwert. Besser ist es, die Knie zu beugen und einen Unterschenkel vor dem anderen abzulegen; das nennt Man „Burmesischer Sitz". Legen Sie ein Kissen unter Ihr Gesäß und sitzen Sie auf dem vorderen Drittel. Dadurch kippt Ihr

Becken vorwärts. Am bequemsten ist es, wenn die Knie auf dem Boden liegen; wenn Ihren den Boden nicht berühren, legen Sie ein Kissen darunter. Mit der Zeit werden Sie beweglicher werden. Wechseln Sie die Beine jedes Mal ab. Es gibt auch spezielle Sitzkissen zur Meditation (genannt „Zafu").

✻ Knien

Manche Menschen finden Knien bequemer als Sitzen. Es gibt spezielle Bänke dafür – genannt „Seiza"-Bänke –, die die Füße entlasten. Sie können auch rittlings auf einem festen, gefalteten Kissen sitzen. Hilfreich kann auch ein gerolltes Tuch sein, das Sie unter Ihre Knöchel legen. Knien Sie nicht auf dem harten Boden, sondern besser auf einem großen flachen Kissen (einem sogenannten „Zabuton") oder auf einer mehrfach gefalteten Decke.

Stellungen im Liegen

Wenn Sitzen oder Knien für Sie schwierig ist, können Sie im Liegen meditieren. Die Versuchung, einzuschlafen, ist im Liegen besonders

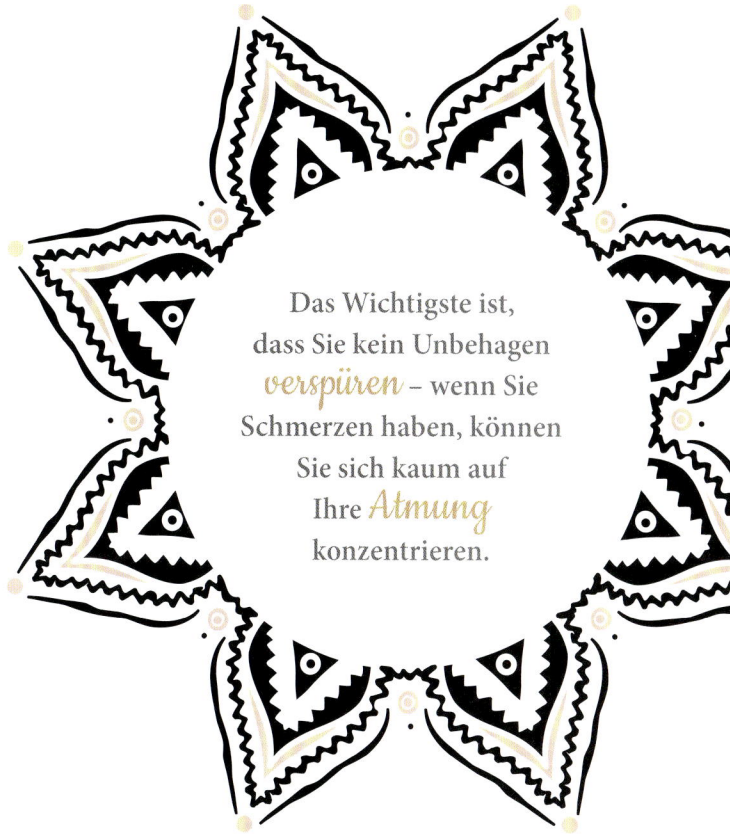

Das Wichtigste ist, dass Sie kein Unbehagen *verspüren* – wenn Sie Schmerzen haben, können Sie sich kaum auf Ihre *Atmung* konzentrieren.

groß, aber wenn Sie Rücken- oder andere Probleme haben und daher nicht sitzen können, ist das Liegen für Sie vermutlich die beste Stellung. Eine Meditation in dieser Position kann abends

Stellung im Stehen

Die meisten Menschen mögen es nicht, längere Zeit still zu stehen, doch zu lernen, bewegungslos zu stehen, kann uns helfen, Geduld zu lernen und Körperbewusstsein sowie Kondition aufzubauen.

In der buddhistischen Praxis wird Meditation im Stehen traditionellerweise gemeinsam mit der im Sitzen, Liegen und Gehen gelehrt. Sie stärkt Körperhaltung und Gleichgewicht und kann im Körper ein tiefes Gefühl der inneren Ruhe hervorrufen. Wenn Sie bei der sitzenden Meditation müde werden, kann Aufstehen Sie aufwecken. Meditation im Stehen kann auch praktiziert werden, wenn Sie warten – bis Ihre Kinder aus der Schule kommen, in der Kassenschlange, auf den Bus.

Die meisten von uns sind nicht besonders gut im Stehen – wir lehnen uns auf eine Seite, wodurch es schwierig werden kann, längere Zeit bequem zu stehen. Hier sind Tipps, wie Sie eine bequeme Position im Stehen finden. Beginnen Sie die Meditation im Stehen mit einer Minute und steigern Sie langsam die Dauer.

1. Stehen Sie aufrecht, die Füße hüft- bis schulterbreit auseinander, die Arme an den Seiten. Beugen Sie leicht die Knie, damit diese nicht blockieren.

2. Schaukeln Sie nun langsam vor und zurück, von den Fersen bis zu den Zehenballen. Verlangsamen Sie die Schaukelbewegung und kommen Sie in einer Position zur Ruhe, die sich weder nach vorne noch nach hinten geneigt anfühlt.

3. Ziehen Sie Ihre Schultern ein paar Mal nach vorne und nach hinten und stoppen Sie sie dann in einer zentralen Position, weder zu weit vorne noch zu weit hinten.

auch ein netter Abschluss sein, wenn Sie schon im Bett sind. Die meisten Menschen finden es am bequemsten, wenn sie auf dem Rücken liegen, die Beine hüftbreit auseinander, die Knie angewinkelt, sodass die Sohlen auf dem Boden stehen. Legen Sie den Kopf auf ein dünnes Kissen oder ein gefaltetes Handtuch. Sie können auch mit angezogenen Knien auf der Seite liegen und Ihren Arm abwinkeln, sodass Sie Ihren Kopf in Ihre Hand legen können.

4. Stellen Sie sich vor, Ihr Kopf würde an einer imaginären Schnur nach oben gezogen. Entspannen Sie Ihren Nacken, kippen Sie Ihr Kinn ein wenig in Richtung Brust. Das bringt Ihren Kopf in eine Linie mit der Wirbelsäule.

5. Schließen Sie die Augen, aber nur halb, und fixieren Sie einen Punkt in etwa einem Meter Entfernung vor Ihnen. Ihr Blick sollte sanft sein.

Achtsamkeit und Atmung

Bei der Achtsamkeitsmeditation steht die Atmung im Mittelpunkt. Wir nehmen wahr, wie der Atem in unseren Körper einströmt und wieder ausströmt. Es klingt so einfach – und ist es auch –, aber die Atmung zu beobachten, kann eine tiefgehende und lebensverändernde Erfahrung sein.

Atmen ist sowohl ein bewusster als auch ein unbewusster Vorgang. Es ist etwas, das geschieht, ohne dass wir uns darum kümmern müssen – doch wir können jederzeit die Kontrolle übernehmen und beschließen, tiefer oder flacher zu atmen, kürzer oder länger, langsamer oder schneller. Wenn wir aber meditieren, versuchen wir nicht, unsere Atmung zu kontrollieren; vielmehr beobachten wir, wie sie in diesem Augenblick ist.

Sich der Atmung zu widmen, gibt uns die Gelegenheit, zu beobachten, wie unser Geist von einem Gedanken zum nächsten springt –

manchmal als „Affenhirn" bezeichnet. Achtsames Atmen hilft uns auch, Emotionen mit etwas Distanz zu betrachten – wie sie während unserer Übung im Körper auftauchen und wieder verschwinden, ohne dass wir uns in ihnen fangen. Und da sich unsere Atmung ändert, abhängig von unserer Haltung, unserer Tätigkeit und unseren Gefühlen, lehrt uns die Wahrnehmung unserer Atmung auch einiges über das, was wir tun und wie wir uns fühlen.

Denken Sie daran, auch wenn unser Fokus auf dem Beobachten der Atmung liegt, ist es unsere Hauptintention, auf freundliche und

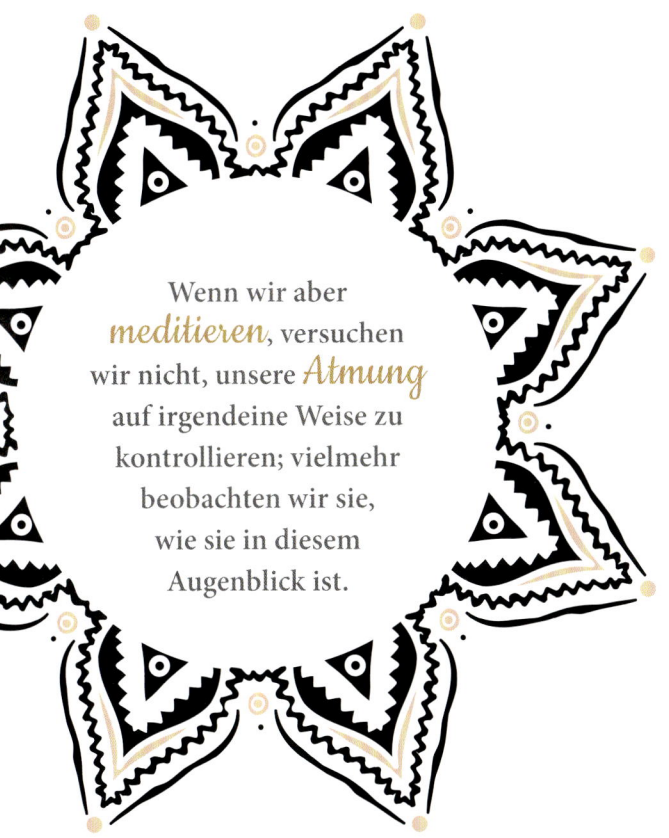

> Wenn wir aber *meditieren*, versuchen wir nicht, unsere *Atmung* auf irgendeine Weise zu kontrollieren; vielmehr beobachten wir sie, wie sie in diesem Augenblick ist.

nicht urteilende Weise aufmerksam zu sein. Auch wenn wir unseren Fokus unzählige Male verlieren sollten, können wir unserer Intention folgen, indem wir unsere Aufmerksamkeit sanft und kritiklos wieder zurück auf die Atmung lenken.

Hilfe, sich zu fokussieren

Es kann hilfreich sein, wenn Sie die Atemzüge am Anfang mitzählen. Atmen Sie ein und aus und zählen Sie im Stillen „eins". Zählen Sie weiter bis zehn und beginnen Sie dann von Neuem. Vielleicht kommen Sie nicht über „eins" hinaus, bevor Sie abgelenkt werden. Das ist okay. Beginnen Sie wieder … und wieder … und wieder. Wenn Sie sich dazu bereit fühlen, stellen Sie das Zählen ein und nehmen Sie nur noch die Atmung wahr.

Der Atmung folgen

Finden Sie eine bequeme Stellung – im Sitzen, Knien, Liegen oder Stehen – und schließen Sie Augen und Mund (sodass Sie durch die Nase atmen).

1. Erlauben Sie sich, den Fluss des Atems wahrzunehmen, wo auch immer im Körper Sie ihn am besten spüren.

❀ *in der Nase*
Beim Einatmen spüren Sie vielleicht, wie die kühle Luft in Ihre Nase strömt, und beim Ausatmen fühlen Sie die nun wärmere Luft ausströmen. Diese Empfindung ist sehr subtil; um sie wahrzunehmen, müssen Sie ein feines Sensorium mitbringen.

✿ *im Brustkorb*

Vielleicht fällt es Ihnen leichter, die Atmung im Bereich des Brustkorbs wahrzunehmen, der sich beim Einatmen ausdehnt und sich beim Ausatmen wieder zusammenzieht. Atmen Sie tief ein und aus, um sich dieser Bewegung bewusst zu werden. Vielleicht fühlen Sie sogar, wie Ihre Lunge beim Einatmen gegen die Rippen drückt.

✿ *im Bauch*

Wenn Sie entspannt sind, hebt sich Ihre Bauchdecke beim Einatmen und senkt sich beim Ausatmen wieder. Vielleicht nehmen Sie hier Ihre Atmung am stärksten wahr.

Auch hier kann Ihnen ein tiefer Atemzug helfen, den Vorgang wahrzunehmen. Legen Sie dabei eine Hand sanft auf Ihren Bauch.

2. Entscheiden Sie, wo Sie Ihre Atmung am intensivsten fühlen, und legen Sie Ihren Fokus während der gesamten Meditation auf diese Stelle. Wenn sich alle gleich anfühlen, suchen Sie sich eine Stelle aus und bleiben Sie dabei.

3. Denken Sie daran, dass Sie nicht versuchen sollten, besonders tief oder gleichmäßig zu atmen oder sich zu entspannen (auch wenn dies häufig ein willkommener Nebeneffekt der Meditation ist). Es geht ausschließlich darum, zu erforschen, wie es sich anfühlt, die Atmung zu beobachten – achtsam zu sein auf das, was in diesem Augenblick ist. Stellen Sie sich das vor wie ein Experiment, mit dem Sie den Unterschied erforschen zwischen Sein (die Atmung wahrnehmen) und Tun (die Atmung kontrollieren). Das kann schwieriger sein, als es klingt; ärgern Sie sich nicht, wenn Sie sich dabei ertappen, dass Sie auf eine bestimmte Art zu atmen versuchen. Kehren Sie mit Ihrer Aufmerksamkeit zum Wahrnehmen zurück, Wahrnehmen, nur Wahrnehmen.

4. Wir sind nicht daran gewöhnt, uns auf die Atmung zu konzentrieren, deshalb werden Sie Ihren Fokus vielleicht schnell verlieren. Das ist okay. Sobald Sie feststellen, dass Sie abgelenkt sind, kehren Sie mit Ihrer Aufmerksamkeit zu Ihrer Atmung zurück. Sie müssen sich nicht verurteilen oder Selbstkritik üben – das wäre nur eine weitere Ablenkung. Wenn Sie feststellen, dass Sie sich über sich selbst ärgern oder unglücklich sind, weil Sie so oft die Konzentration verlieren, quälen Sie sich nicht selbst deswegen. Und kritisieren Sie sich auch nicht dafür, dass Sie Selbstkritik

Je mehr Sie sich Ihrer Atmung bewusst werden, umso mehr werden Sie erkennen, wie reich die Erfahrung eines einzelnen Augenblicks sein kann – jeder Atemzug kann flach oder tief sein, abgehackt oder geschmeidig, schnell oder langsam – jeder anders. Vielleicht bemerken Sie etwas Wunderschönes, nämlich die winzige Pause nach jedem Einatmen – ein Augenblick, wo Sie weder ein- noch ausatmen – und eine weitere winzige Pause nach jedem Ausatmen. Versuchen Sie diese Pause zu fokussieren, ohne sie zu erzwingen oder verlängern zu wollen. Sich dieser Pause zu widmen, kann ein tiefes Entspannungsgefühl hervorrufen, weil Ihre Wahrnehmung auf einem Augenblick ruht, in dem der Körper innehält.

üben. An welchem Punkt auch immer Sie sind, halten Sie inne und widmen Sie Ihre Aufmerksamkeit wieder Ihrer Atmung.

5. Halten Sie Ihre Konzentration über den geplanten Zeitraum aufrecht – zwei Minuten, fünf Minuten, 30 Minuten oder was auch immer. Öffnen Sie am Ende der Meditation die Augen und stehen Sie langsam auf – Sie haben keine Eile.

Weitermachen

Achtsames Atmen ist ein wertvoller Anker für jede Meditationssitzung. Sie können das achtsame Atmen während der gesamten Meditation fortsetzen oder sie als Einstieg benutzen, der Sie in einen Zustand erhöhten Bewusstseins bringt, und danach mit Achtsamkeitsübungen zu körperlichen Empfindungen, Geräuschen, Gedanken oder Gefühlen weitermachen. Die Meditationen auf den folgenden Seiten arbeiten mit der achtsamen Atmung und werden oft im Anschluss daran gelehrt.

Sich dieser Pause zu widmen, kann ein tiefes *Entspannungsgefühl* hervorrufen, weil Ihre Wahrnehmung auf einem *Augenblick* ruht, in dem der Körper innehält.

Achtsame Körpermeditation

Auch unsere Körpervorgänge können uns als Fokus einer Meditation dienen. Die physischen Vorgänge in unserem Körper bewusst wahrnehmen zu lernen, hilft uns dabei, sich in unserem Körper verwurzelt zu fühlen und unsere Wahrnehmung zu erweitern.

Durch die Wahrnehmung unserer Körpervorgänge können wir auch die Wechselwirkungen zwischen Körper und Geist besser erkennen. Wenn Sie beispielsweise Schmerzen in Ihrer Schulter verspüren, nehmen Sie vielleicht ein damit verbundenes Gefühl des Ärgers wahr, weil sich hier eine alte Verletzung wieder meldet, und dann den Gedanken, dass diese Schulter nicht so geschmeidig funktioniert, wie sie sollte. Vielleicht erinnern Sie sich dann daran, wie Sie sich diese Verletzung zugezogen haben, und denken an all die Dinge, die Sie mit Ihrer Schulter nun nicht mehr tun können …

In der folgenden achtsamen Körpermeditation sind wir uns der Gedanken und Gefühle bewusst, richten unseren Fokus aber auf die Körperempfindungen.

1. Nehmen Sie eine bequeme, aber aufmerksame Stellung auf dem Boden oder einem Stuhl ein und schließen Sie die Augen. Richten Sie Ihre Aufmerksamkeit auf alle Stellen, wo Ihr Körper den Boden oder den Stuhl berührt. Widmen Sie sich kurz den körperlichen Empfindungen – was fühlen Sie?

2. Konzentrieren Sie sich für eine oder zwei Minuten auf Ihren Atem, wie er in Ihren Körper strömt und ihn wieder verlässt.

3. Wenn ein Gefühl oder eine körperliche Empfindung Ihre Aufmerksamkeit auf sich zieht, dann konzentrieren Sie sich darauf. Nehmen Sie wahr, was Sie erleben, ohne es als angenehm oder unangenehm zu beurteilen und ohne dass Sie es verdrängen oder festhalten wollen. Versuchen Sie, eine offene Haltung der Neugier einzunehmen: Ist diese Empfindung warm oder kalt, brennt, kribbelt, kitzelt oder schmerzt es? Ist sie immer gleich oder verändert sie sich und zieht weiter?

4. Denken Sie daran: Sie müssen nichts tun, um das, was Sie erleben, zu verändern; es geht nur darum, es wahrzunehmen. Wenn Gedanken und Emotionen auftauchen, nehmen Sie sie zur Kenntnis, aber bemühen Sie sich, sich weiterhin auf jene Körperempfindung zu konzentrieren, die Sie ursprünglich ausgewählt haben.

5. Wenn die Körperempfindung endet oder Ihre Aufmerksamkeit nicht mehr erregt, dann lassen Sie Ihren Fokus wieder zur Atmung zurückkehren, bis sich eine neue Körperempfindung von selbst anbietet. Oder wechseln Sie direkt zu einer anderen Stelle Ihres Körpers, die Ihre Aufmerksamkeit anzieht.

6. Die Art Ihrer Aufmerksamkeit sollte sanft sein, nicht gezwungen. Wenn eine Empfindung sehr intensiv ist, dann beißen Sie nicht die Zähne zusammen, als ob Sie einen Ausdauertest bestehen müssten. Eine reglose Stellung beizubehalten, ist bei der Meditation nützlich, aber nicht, wenn Sie Schmerzen haben. Sie dürfen sich durchaus bewegen, wenn Sie eine bequemere Position finden müssen, aber

tun Sie es bewusst und langsam. Das ist etwas gänzlich anderes als ständiges Herumgezappel oder sofortiges Zurechtrücken, wenn Sie nur die kleinste Unannehmlichkeit verspüren; es ist ein kleiner, fürsorglicher Gefallen, den Sie sich selbst tun.

7. Öffnen Sie am Schluss der Meditation Ihre Augen. Stehen Sie langsam auf und behalten Sie dabei Ihre Körperwahrnehmung bei. Dieser Moment ist perfekt, um Ihre körperlichen Bedürfnisse zu checken – vielleicht möchten Sie sich strecken oder spazieren gehen.

Achtsame Klangmeditation

Geräusche sind stets präsent. Wenn Sie kurz innehalten und lauschen, werden Sie sich sofort all der Geräusche und Klänge rund um Sie bewusst. Diese Meditation hilft Ihnen, zwischen dem Klang selbst und dem Akt des Hörens zu unterscheiden.

1. Suchen Sie sich eine bequeme Stellung an einem ruhigen Ort, an dem Sie nicht gestört werden, und schließen Sie sanft Ihre Augen. Nehmen Sie sich ein, zwei Minuten Zeit, um sich bewusst zu werden, wie Ihr Atem in Ihren Körper strömt und ihn wieder verlässt – das erdet Sie in diesem Augenblick.

2. Wenn Sie dazu bereit sind, dann erlauben Sie Ihrer Wahrnehmung, sich den Geräuschen rund um Sie zu öffnen.

3. Nehmen Sie alle Geräusche wahr, woher sie auch kommen – von fern oder nah, hinten oder vorne, links oder rechts, oben oder unten. Öffnen Sie sich für laute Geräusche – ein plötzliches Husten oder ein Gespräch vor dem Fenster – ebenso wie für Umgebungsgeräusche – der leichte Wind in den Bäumen draußen, das Flüstern der Heizung.

4. Es gibt einen Unterschied zwischen dem Wahrnehmen eines Geräusches und dem horchenden Lauschen darauf. In dieser Übung versuchen Sie, den Akt des Hörens wahrzunehmen; Sie suchen nicht aktiv nach Geräuschen. Erlauben Sie also dem, was Sie hören, hereinzufließen, als ob Ihre Ohren nichts weiter wären als Behälter für Töne. Vielleicht nehmen Sie die verschiedenen Stadien eines Klanges wahr: er taucht auf, verweilt und verschwindet.

5. Wenn wir Geräusche oder Klänge wahrnehmen, klassifizieren wir sie als „Vogelzwitschern", „Staubsauger", „Summen" und so weiter. Das ist ein anderer Prozess als das Empfangen der Töne – das Empfangen ist ein passiver Akt (Sein), das Benennen ist eine Aktivität des Geistes (Tun). Wir beschränken uns auch nicht auf das bloße Empfangen, wenn wir darüber hinaus einen Klang als angenehm (Vogelzwitschern) oder unangenehm (die Sirene eines Einsatzwagens) registrieren, denn hier kommt noch der Akt des Beurteilens dazu. Verzichten Sie so gut wie möglich auf Benennen und Beurteilen und versuchen Sie, den Klang nur so zu erleben, wie er ist. Vielleicht erleben Sie diese Erfahrung als flüchtig: Sie „hören" für so kurze Zeit, dass Sie kaum zum Wahrnehmen kommen, und plötzlich „lauschen" Sie wieder aktiv. Das erfordert Übung.

6. Wenn Sie bemerken, dass Sie durch Benennen, Beurteilen oder eine Geschichte in Ihrem Kopf abgelenkt wurden, kehren Sie sanft zum Geräusch oder Klang zurück. Wenn Sie den Eindruck haben, dass Ihnen die Konzentration völlig abhanden gekommen ist, dann können Sie jederzeit zu Ihrer Atmung zurückkehren.

Achtsames Hören

Schall ist eine Wellenbewegung. Schwingungen in der Luft versetzen Teile im Innenohr in Bewegung – so wie der strömende Fluss ein Wasserrad in Drehung versetzt. Bedenken Sie: Das Wasserrad versucht nicht, sich zu drehen – die Bewegung ist in gewissem Sinne rein passiv; sie ist natürlich und ungezwungen. Sie müssen sich nicht anstrengen, wenn Sie achtsam hören. Erlauben Sie den Geräuschen und Klängen einfach, in Ihr Bewusstsein einzufließen und wieder hinauszufließen, wie Wasser.

Achtsame Gedankenmeditation

Die eigenen Gedanken wahrzunehmen, ohne sich mitreißen zu lassen – diese Technik kann nützlich sein, um Stress zu reduzieren. Am besten kombinieren Sie diese Meditation mit achtsamer Atmung.

Es ist nicht einfach, die eigenen Gedanken leidenschaftslos zu beobachten. Jeder Gedanke kann eine Geschichte, eine Sorge oder Fantasie befeuern, und wir vergeuden viel Zeit, weil wir uns in diesen Geschichten verlieren, die wir uns selbst erzählen. Stellen Sie sich zum Beispiel vor, Sie sehen jemanden, der ein Eis isst. Je nachdem, wer Sie sind, kann dieser Anblick nostalgische Erinnerungen wecken oder Sorgen und Ärger wegen Ihres Gewichts auslösen. Manchmal kann unser inneres Storytelling angenehm sein, ein

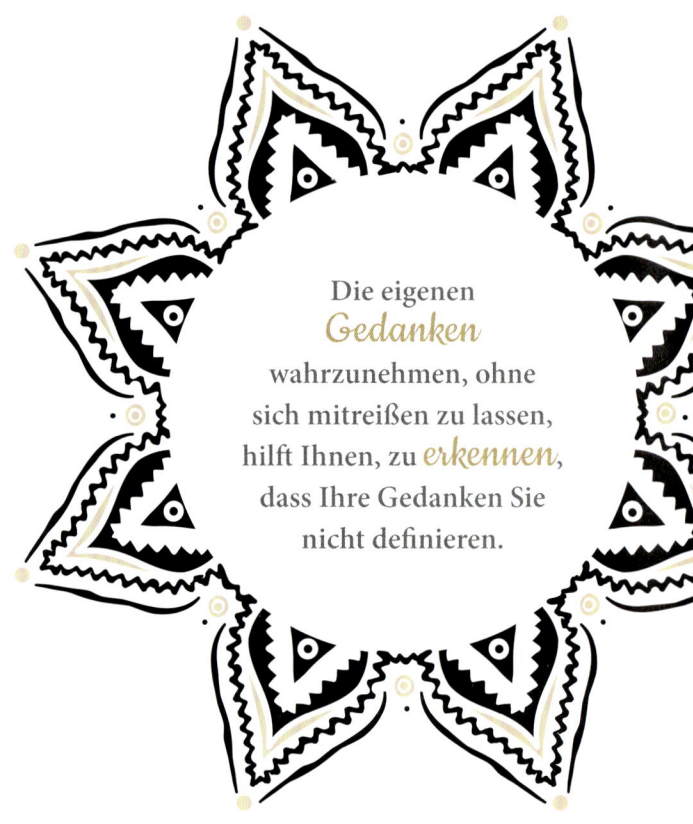

Die eigenen *Gedanken* wahrzunehmen, ohne sich mitreißen zu lassen, hilft Ihnen, zu *erkennen*, dass Ihre Gedanken Sie nicht definieren.

Terminisierte Gedanken

Wenn Sie von wiederkehrenden Sorgen oder Gedanken geplagt werden, kann es helfen, sich zu einem festgesetzten Zeitpunkt bewusst damit zu beschäftigen. Nehmen Sie sich zum Beispiel vor, dass Sie sich am Abend um 18 Uhr damit auseinandersetzen werden – oder am Sonntagmittag. Jedes Mal, wenn dieser Gedanke wieder auftaucht, erinnern Sie sich daran, dass Sie einen Termin dafür festgesetzt haben, dass Sie die Beschäftigung damit bis dahin aufschieben und warten werden.

Die Technik des Benennens

Gedanken oder Gefühlen einen Namen zu geben, kann uns helfen, Distanz zwischen die Gedanken und Gefühle und die Person, die diese erlebt, zu bringen. Es führt uns vor Augen, dass wir nicht durch unsere Gedanken und Gefühle definiert werden, denn diese sind vorübergehende, flüchtige Zustände des Geistes. Noch dazu kann ein Gedanke oder Gefühl beobachtet werden, aber wir müssen nicht daran glauben: Wir müssen uns nicht von ihnen überwältigen lassen.

Durch Benennen trainieren wir, einen Aspekt unseres Erlebens anzuerkennen und loszulassen, anstatt uns in ihm zu verfangen. Psychologische Studien haben festgestellt, dass das simple Anerkennen und Benennen eines Gedankens oder Gefühls bereits eine Wirkung auf uns hat.

Benennen soll einfach sein, legen Sie Ihren Fokus also nicht übermäßig stark darauf. Es geht nur darum, das Geschehen wahrzunehmen und ihm ein Etikett zu verpassen. Vergeuden Sie keine Zeit damit, genau die richtige Bezeichnung zu finden oder alles zu benennen, was Sie wahrnehmen. Wahrnehmen soll sanft und leicht sein; sorgen Sie sich nicht, wenn Ihnen für etwas keine Bezeichnung einfällt oder wenn die Bezeichnung erst auftaucht, wenn der Gedanke oder das Gefühl bereits vorbei ist. Zu Beginn des Benennens ist es einfacher, allgemeine Bezeichnungen zu

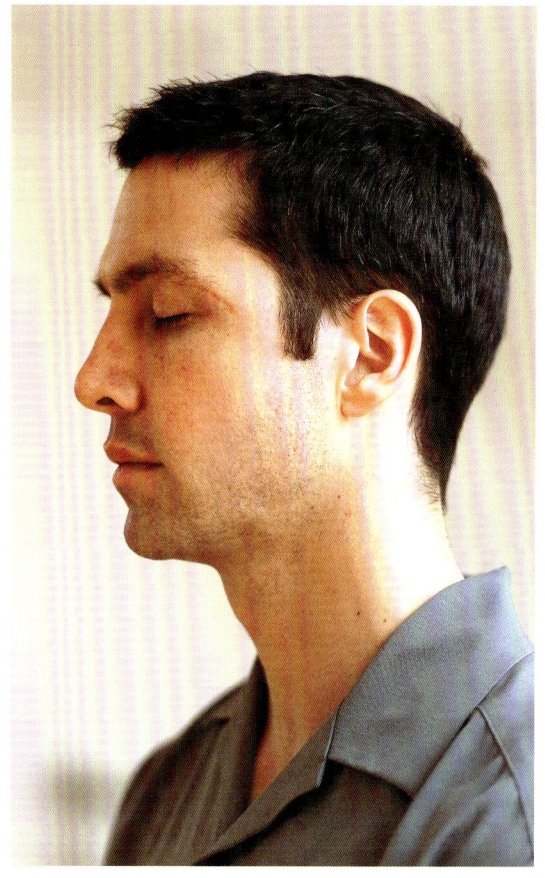

nehmen (etwa „denken") anstelle von präzisieren („planen" oder „erinnern"). Denken Sie daran, dass es auf das Wahrnehmen ankommt. Sollten Sie feststellen, dass Sie sich selbst wegen Ihrer Technik des Benennens kritisieren, dann benennen Sie das als „Denken". Wenn Sie das Benennen vom Prozess des Wahrnehmen ablenkt, wenden Sie diese Technik einfach nicht an.

andermal tief verletzend. Beides führt uns fort vom Hier und Jetzt. So muss es nicht sein. Gedanken können – wie Klänge – auftauchen, verweilen und verschwinden. Die eigenen Gedanken wahrzunehmen, ohne sich mitreißen zu lassen, hilft Ihnen, zu erkennen, dass Ihre Gedanken Sie nicht definieren. Sie sind nicht die

Summe dessen, was Sie denken. Wenn Sie das verstehen, haben Sie ein wertvolles Werkzeug in der Hand, mit dem Sie aus wiederkehrenden Angstgefühlen oder leeren Tagträumen herausfinden. Mit der folgenden Meditation sollten Sie Ihre Fähigkeit entwickeln können, Ihre Gedanken und Gefühle zu beobachten.

1. Beginnen Sie mit einer kurzen Phase der achtsamen Atmung, damit Sie in die Meditation hineinfinden, und erweitern Sie dann Ihre Aufmerksamkeit zur achtsamen Wahrnehmung von Geräuschen – beobachten Sie, wie Geräusche beginnen, verweilen und verschwinden und wie sich ihre Eigenschaften ständig verändern.

2. Lassen Sie Ihre Atmung natürlich fließen und verschieben Sie Ihren Fokus sanft auf das, was in Ihrem Geist auftaucht. Zunächst erscheint es vielleicht, als würde nichts passieren. Es ist nicht nötig, dass Sie Gedanken heraufbeschwören; beobachten Sie einfach nur die Stille in Ihrem Geist. Früher oder später werden Sie einen erhaschen – auch wenn es nur der Gedanke ist: „Ich denke überhaupt nichts."

3. Sobald Sie einen Gedanken bemerken, beobachten Sie ihn – Sie können ihn als „Denken" bezeichnen, wenn Ihnen das hilft – und lassen Sie ihn von selbst verschwinden. Betrachten Sie dann, wie der nächste Gedanke aufsteigt, einer Luftblase gleich.

4. Es ist so gut wie sicher, dass Sie durch irgendwelche Gedanken abgelenkt werden – vielleicht stellen Sie plötzlich fest, dass Sie sich in einer Erinnerung verloren haben oder ein unangenehmes Erlebnis noch einmal durchspielen. Sobald Sie das erkennen, wenden Sie Ihre Aufmerksamkeit wieder dem Beobachten Ihrer Gedanken zu – Sie können die Bezeichnung „Denken" verwenden, falls Ihnen das hilft.

5. Gedanken sind manchmal wie die Wellen des Ozeans. Vielleicht möchten Sie hineinspringen oder Sie finden sie angsterregend und gewaltvoll. Wenn Sie sich in einem Gedankenstrudel verlieren, stellen Sie so bald wie möglich Ihren Fokus wieder her. Sie können nicht verhindern, dass sich eine Welle bildet, aber Sie können darauf reiten oder sie vorüberziehen lassen, während Sie mehr oder weniger stillstehen.

6. Wenn Sie von Ihren Gedanken überwältigt werden und unfähig sind, sich zu fokussieren, beobachten Sie Ihre Atmung oder die Geräusche, um wieder ins Hier und Jetzt zurückzukehren. Wenn Ihr Geist wieder zur Ruhe gekommen ist, können Sie die Beobachtung Ihrer Gedanken fortsetzen, wenn Sie sich dazu in der Lage fühlen. Es braucht Zeit, um die Fähigkeit zur Gedankenbeobachtung zu entwickeln; drängen Sie sich selbst nicht dazu, weiter zu gehen, als Sie bereit sind.

7. Wenn Sie sich dazu bereit fühlen, können Sie nun Ihre Aufmerksamkeit Ihren Gefühlen zuwenden. Emotionen können durch körperliche Empfindungen, Gedanken oder unseren aktuellen Gemütszustand ausgelöst werden oder damit in Verbindung stehen. Sie können angenehm sein (Freude, Zufriedenheit) oder unangenehm (Ärger, Langeweile). Welche Gefühle auch immer in Ihrem Körper vorhanden sind, versuchen Sie, sich für sie zu öffnen, ohne sie zu verdrängen oder zu versuchen, mehr davon zu bekommen.

8. Gefühle entstehen, verweilen und vergehen ständig, wie Gedanken oder körperliche Empfindungen. Versuchen Sie, das Gefühl zu beobachten und wahrzunehmen, wie und wo im Körper Sie es erleben.

9. Achten Sie auf sämtliche Gedanken, die mit dem Gefühl, das Sie beobachten, verbunden sind. Denken Sie daran, Ihre Beobachtung

sollte sanft und neugierig sein, aber auch voller Mitgefühl – wenn ein Gefühl zu schwierig oder zu intensiv für Sie ist, legen Sie den Fokus Ihres Selbststudiums wieder auf Ihre Atmung. Wenn Sie den Pfad eines Gefühls verfolgen und es vergehen lassen, erhalten Sie manchmal Einblick in seine vergängliche Natur.

Bewusstsein ohne Auswahl

Führen Sie diese fortgeschrittene Meditation aus, wenn Sie vertraut sind mit den Achtsamkeitsübungen zu Atmung, Körper, Klang, Gedanken und Gefühlen.

Bei der Technik „Bewusstsein ohne Auswahl" fokussieren wir nicht ein Objekt nach dem anderen, sondern Sie erlauben dem Geist, sich auf das zu konzentrieren, was gerade jetzt am anziehendsten ist – sei das die Atmung, Gedanken, Gefühle, Körperempfindungen oder Geräusche.

Versuchen Sie ein paar Minuten lang, sich einfach nur dessen bewusst zu sein, was in Ihrem Erleben gerade am wichtigsten ist, und lassen Sie es los, sobald etwas anderes auftaucht. Vielleicht finden Sie, dass Sie schneller in Gedanken versinken, als wenn Sie sich auf ein spezifisches Objekt (wie die Atmung) konzentrieren. Wenn dem so ist, könnten Sie die Technik der Benennung (siehe Seite 91) anwenden. Oder Sie konzentrieren sich einfach wieder für ein paar Momente auf Ihre Atmung und erlauben dann, wenn Ihr Geist wieder stabil ist, Ihrem Bewusstsein, sich neuerlich zu erweitern.

Der Körperscan

Diese neue Art von Achtsamkeitsübung lädt Sie dazu ein, die Körpervorgänge sanft und systematisch zu erforschen, von den Zehen bis zu Ihrem Gesicht. Sie dauert 20–30 Minuten – machen Sie sie also dann, wenn Sie sicher sind, dass Sie ungestört bleiben.

Diese Übung wird gelehrt, um Sie mit Ihrem physischen Selbst zu verbinden und ein stärkeres Bewusstsein über die Empfindungen in Ihrem Körper zu entwickeln. Wenn wir Schmerzen oder Unbehagen verspüren, versuchen wir im Allgemeinen, das zu ignorieren oder zu beseitigen, doch wir werden zeigen, dass es hilfreich sein kann, unangenehme Empfindungen zu akzeptieren, um Schmerzen und Verspannungen im Körper zu lindern oder zu beseitigen.

In dieser Übung machen wir eine Reise durch den Körper. Mit einer mitfühlenden und akzeptierenden Haltung nehmen wir wahr, was in unserem körperlichen Selbst geschieht. Das kann zu einer tiefen Entspannung und Verbundenheit mit dem Körper führen.

1. Legen Sie sich bequem hin und decken Sie sich, wenn nötig, mit einer Decke zu, damit Ihnen nicht kalt wird; Ihre Körpertemperatur könnte absinken, wenn Sie längere Zeit still liegen. Sie können diese Übung auf dem Boden, auf dem Bett oder wo immer Sie sich entspannt fühlen und nicht gestört werden machen. Schließen Sie die Augen.

2. Nehmen Sie wahr, wo Ihr Körper die Liegefläche berührt. Vertrauen Sie dem Boden (oder Bett) Ihr Gewicht an – es besteht keine Notwendigkeit, dass Sie sich anspannen. Stellen Sie sich vielleicht vor, dass Sie mit jedem Ausatmen in die Liegefläche einsinken, mit jedem Atemzug ein wenig tiefer.

3. Entspannen Sie sich und widmen Sie Ihre Aufmerksamkeit Ihrer Atmung, wo Sie sie am stärksten spüren – an den Nasenlöchern, im Brust- oder im Bauchbereich. So finden Sie in die Meditation hinein. Nehmen Sie die Atmung so, wie sie ist, beeinflussen Sie sie nicht.

4. Richten Sie Ihren Fokus nun auf Ihre Zehen – wie fühlen sie sich an? Vielleicht warm oder kalt, kribbelnd, schmerzend oder verspannt? Wenn Sie Socken tragen, nehmen Sie vielleicht den Kontakt mit dem Stoff wahr oder wie die Zehen einander berühren, ihre Konturen, die Zehenzwischenräume. Atmen Sie ein und aus und nehmen Sie das, was Sie fühlen, mit einer akzeptierenden, nicht urteilenden Einstellung wahr. Und wenn Sie gar nichts fühlen, akzeptieren Sie dieses Nichts als das, was Sie fühlen.

5. Lassen Sie Ihre Aufmerksamkeit zu Ihren Fußsohlen wandern, einschließlich Ballen und Fersen, und erforschen Sie diese auf die gleiche Weise. Beginnen Sie, die Sohlen insgesamt wahrzunehmen, und wenn sich eine Empfindung einstellt, konzentrieren Sie sich darauf, um diese tiefergehend zu erforschen. Lassen Sie Ihr Bewusstsein wie eine Art Schmetterling umherflattern, auf der Suche nach einem Platz zum Niederlassen.

6. Wenn Sie so weit sind, nehmen Sie sich die Seiten und die Oberseiten Ihrer Füße vor, um zu erforschen, was Sie hier empfinden, und seien Sie sich jeglicher Unannehmlichkeiten so gut es geht bewusst. Sobald Sie sich einem neuen Bereich zuwenden, lassen Sie den vorigen sanft aus Ihrem Bewusstsein entschwinden.

7. Richten Sie Ihre Aufmerksamkeit nun auf Knöchel, Unterschenkel und Schienbein und atmen Sie weiter ruhig ein und aus. Natürlich

Wenn wir Schmerzen oder Unbehagen verspüren, versuchen wir im Allgemeinen, es zu ignorieren oder zu beseitigen, doch es kann hilfreich sein, unangenehme Empfindungen zu akzeptieren, um Schmerzen und Verspannungen zu lindern oder zu beseitigen.

wird Ihr Geist von Zeit zu Zeit umherschweifen oder Sie verlieren sich in Ihren Gedanken. Bringen Sie Ihren Fokus sanft zurück zu dem Bereich, den Sie gerade erforschen. Wenn es Ihnen hilft, können Sie Benennungen verteilen, etwa „Fuß", „Schienbein" etc.

8. Lassen Sie Ihre Aufmerksamkeit nun Gesäß, Becken und Hüften streifen; wandern Sie von hier hoch über Ihren gesamten Körper und scannen Sie dabei jeden Bereich. Wenn Sie Ihren Bauch und Ihre Brust erforschen, werden Sie beobachten, wie diese sich mit jedem Atemzug heben und senken. Vielleicht werden Sie sich der pulsierenden Bewegung tief in

Ihrem Körper bewusst, vielleicht nehmen Sie sogar das Schlagen Ihres Herzens wahr. Seien Sie sich nur dessen bewusst, was in diesem Moment geschieht, und lassen Sie alle Empfindungen so sein, wie sie sind.

9. Scannen Sie nun Ihre Arme, beginnend bei den Fingerspitzen und weiter bis zu den Schultern. Gehen Sie von hier aus weiter zu Nacken und Hals und nehmen Sie Verspannungen wahr, damit sich diese auf natürliche Weise auflösen können.

10. Setzen Sie den Scan beim Kopf fort und erforschen Sie alle Bereiche Ihres Kopfes und Ihres Gesichts. Nehmen Sie den Kopf als Ganzes wahr; lenken Sie Ihre Aufmerksamkeit sanft vom Kinn zu Stirn und Scheitel, von Ohr zu Ohr, vom Gesicht zum Hinterkopf. Wenn sich eine Empfindung aufdrängt, lassen Sie Ihre Aufmerksamkeit darauf ruhen, bis sie vergeht oder sich eine andere Empfindung bemerkbar macht. Haben Sie Geduld: Sie fühlen, was Sie fühlen, ob das nun viele Empfindungen sind oder wenige.

11. Erlauben Sie Ihrem Bewusstsein zum Schluss, sich nach außen zu öffnen, von einem Teil des Körpers zum ganzen Körper. Nehmen Sie Ihre Atmung wieder bewusst wahr, aber halten Sie Ihren Fokus allgemein und offen, bis Sie spüren, dass die Meditation zu Ende ist.

In den Körper atmen

Bei dieser Variation des Körperscans dirigieren Sie die Atmung zu jenem Bereich, den Sie gerade scannen – als ob Sie in Ihre Zehen atmen würden. Sie müssen dazu nur Ihrem Atem folgen, wie er in Ihren Körper strömt, und dann stellen Sie sich vor, wie er zum Beispiel durch Ihre Beine und Füße in Ihre Zehen fließt.

Wenn Sie ausatmen, stellen Sie sich vor, dass das Ausatmen in den Zehen beginnt und der Atem durch Ihren Körper hindurch zurückfließt. Diese Art der Visualisierung kann auf sanfte, natürliche Weise Verspannungen lösen, die sich in jenem Bereich des Körpers festgesetzt haben, den Sie gerade fokussieren.

Meditatives Gehen

Beim meditativen Gehen können Sie auf wunderbare Weise Ihre Wahrnehmung trainieren und entwickeln ein Gefühl der Verbundenheit mit der Welt. Sie können meditatives Gehen jederzeit üben, doch es ist ein ziemlich formalisiertes Unterfangen.

Bei der Meditation im Gehen schreiten wir ein bestimmtes Stück Weg ab, hin und zurück, und achten auf die Empfindungen in den Füßen und im unteren Teil der Beine. Mit dieser Art von Meditation können Sie vielleicht besser fokussieren, wenn Sie dazu neigen, beim Meditieren im Sitzen schläfrig zu werden, oder wenn Sie sich im Sitzen unruhig oder unwohl fühlen. Sie können Ihr Tempo Ihrer Stimmung anpassen – wenn Sie unruhig sind, möchten Sie Ihre Meditation vielleicht in einem rascheren Tempo beginnen, während sich langsames Gehen eher anbietet, wenn Sie sich bereits ruhig und ausgeglichen fühlen.

1. Suchen Sie eine ebene Strecke, die etwa sechs bis zehn Meter lang ist, vielleicht in Ihrem Garten oder in einem stillen Winkel eines Parks oder auch indoor, zum Beispiel im Flur.

2. Stellen Sie sich an einem Ende dieser Strecke auf. Entspannen Sie die Schultern und legen Sie die Handflächen zuerst in der Namaste-Position aneinander. Dann lassen Sie die Arme locker an den Seiten hängen. Halten Sie den Kopf aufrecht, aber richten Sie Ihren Blick auf den Boden.

3. Gehen Sie langsam von einem Ende der Strecke zum anderen. Machen Sie eine kurze Pause, drehen Sie sich um und gehen Sie zurück. Tun Sie das mehrere Male und werden Sie dabei immer langsamer, damit Sie Ihren Körper bewusster wahrnehmen können. Legen Sie stets am Ende eine kurze Pause ein.

4. Wenn Sie sich an die Meditation gewöhnt haben, können Sie Ihren Fokus auf Ihre unteren Extremitäten richten. Beobachten Sie, wie es sich anfühlt, wenn Sie zuerst das eine Bein bewegen, dann das andere. Vielleicht empfinden Sie es als hilfreich, wenn Sie Ihre Schritte mental benennen – vielleicht indem Sie sie mit dem Etikett „gehen, gehen" versehen.

5. Sie können einfach Ihre Schritte beim Hin- und-Hergehen verfolgen, oder Sie können ganz langsam gehen und sich dem Prozess des Schreitens in allen Details widmen.

✿ Beachten Sie, wie sich Ihr Gewicht auf das Standbein verlagert, wenn Sie den anderen Fuß zum Schritt anheben.

✿ Nehmen Sie wahr, wie sich das angewinkelte Bein durch die Luft vorwärts bewegt und das hintere Bein sich beugt.

✿ Fühlen Sie, wie die Ferse des vorderen Fußes aufsetzt und der restliche Fuß abrollt.

✿ Beachten Sie, wie sich die hintere Ferse zum nächsten Schritt vom Boden hebt, während der vordere Fuß abrollt.

6. Wenn Sie ganz langsam gehen, können Sie detailliertere Bezeichnungen für den Prozess des Gehens finden – zum Beispiel „abheben", „vorwärtsbewegen", „aufsetzen".

Mit dieser Art von *Meditation* können Sie vielleicht besser fokussieren, wenn Sie dazu neigen, beim Meditieren im *Sitzen* schläfrig zu werden …

7. Wie bei der Meditation im Sitzen werden Sie vielleicht von Gedanken, Gefühlen oder Körperempfindungen abgelenkt. Das ist ganz normal; tadeln Sie sich nicht deswegen und schließen Sie darauf nicht auf Ihre Fähigkeit, zu meditieren. Dirigieren Sie Ihre Aufmerksamkeit einfach sanft und ruhig wieder zurück zur Bewegung Ihrer Füße.

8. Zum Beenden der Meditation im Gehen schreiten Sie an das Ende Ihrer Strecke und machen Sie ein paar achtsame Atemzüge, bevor Sie Ihren Tag fortsetzen.

Achtsame Bewegung

Sie können Achtsamkeit in jede Form von körperlicher Bewegung einbringen. Yoga, Tai-Chi und Qigong sind Formen achtsamer Bewegung und achtsames Bewegen ist ein integraler Bestandteil vieler Achtsamkeitskurse.

Hier sind zwei einfache Yoga-Stellungen, mit denen Sie achtsames Bewegen üben können. Bei manchen Formen von Yoga geht es darum, besonders perfekt choreografierte Posen ein-zunehmen – doch das ist nicht der achtsame Zugang. Uns geht es vielmehr darum, uns lang-sam und fokussiert in eine Stellung zu bewegen.

Versuchen Sie, Ihre Aufmerksamkeit bei jeder einzelnen Bewegung aufrechtzuhalten – achten Sie darauf, ob es eine dazu korrespon-dierende Bewegung an einer anderen Stelle des Körpers gibt. Manchmal ist der gesamte Körper an einer Bewegung beteiligt, oder wir machen aus Gewohnheit unnötige Bewegungen, was zu Verspannungen führt. Der Rest Ihres Körpers sollte locker bleiben, wenn Sie sich bewegen. Lassen Sie Ihren Atem natürlich fließen – es besteht keine Notwendigkeit, Atmung und Bewegung zu koordinieren.

Stellung mit erhobenen Armen

An einfachen Stellungen im Stehen ist der ganze Körper beteiligt. Diese hier eignet sich besonders gut für ein Strecken am Morgen. Sie beginnt mit der Grundstellung (siehe Seite 80–81).

1. Stehen Sie aufrecht mit etwas Abstand zwischen Ihren Füßen, die Arme an den Seiten. Atmen Sie ganz normal und konzen-trieren Sie sich auf Ihre Füße. Verlagern Sie Ihr Gewicht ein paar Mal von einem Fuß zum anderen, bevor Sie in einer ausbalancierten Position zur Ruhe kommen.

2. Verlagern Sie Ihr Gewicht nun langsam von den Innenseiten zu den Außenseiten Ihrer Füße, bis Sie gut in der Mitte stehen, und machen Sie dann dasselbe zwischen Ballen und Ferse, bis Sie eine ausbalancierte Position finden.

3. Bringen Sie Ihre Arme in einem geschmeidigen Bogen seitlich nach oben, sodass sich Ihre Handflächen über Ihrem Kopf treffen (tun Sie das nur so weit, wie es sich angenehm anfühlt). Blicken Sie behutsam hinauf zu Ihren Händen. Wenn Sie das einfach finden, dann lassen Sie Ihren Blick weiterwandern und kippen Sie Ihren Kopf nach hinten.

4. Kommen Sie langsam auf dieselbe behutsame Weise wieder aus der Stellung heraus. Wiederholen Sie das ein paar Mal.

Vorwärtsbeugen

Diese Yoga-Stellung eignet sich hervorragend dazu, den Körper zu entspannen und die Wirbelsäule zu strecken. Vorwärts-abwärts-Beugen hilft dabei, die Konzentration nach innen zu richten und den Geist zu beruhigen. Einige werden ihre Zehen erreichen, andere können sich kaum vorwärtsbeugen. Denken Sie daran, dass es nicht um ein Ziel geht; uns geht es um das Wahrnehmen dessen, was im Körper vor sich geht.

1. Stehen Sie aufrecht mit kleinem Abstand zwischen Ihren Füßen, die Arme an den Seiten. Atmen Sie ein paar Mal achtsam ein und aus, während Sie eine entspannte Position finden.

2. Lassen Sie Ihren Kopf langsam und bedacht nach vorne sinken und bringen Sie Ihr Kinn zur Brust.

3. Beugen Sie sich vorwärts, indem Sie Ihre Wirbelsäule von oben nach unten abrollen. Achten Sie darauf, dass sich Ihre Schultern dabei vorwärts-abwärts bewegen und sich Ihr Becken nach hinten schiebt – der ganze Körper ist an der Bewegung beteiligt. Halten Sie den Kopf gesenkt.

4. Beugen Sie sich, so weit es für Sie angenehm ist (das kann auch nur ganz wenig sein), und halten Sie dann ein bisschen inne, um Ihren Atem wahrzunehmen, wie er in Ihren Körper strömt und ihn wieder verlässt.

5. Kommen Sie langsam und vorsichtig aus der Stellung, indem Sie Ihre Wirbelsäule vom Becken aufwärts aufrollen. Heben Sie Ihren Kopf und machen Sie ein paar achtsame Atemzüge. Sie können das Vorwärtsbeugen mehrmals wiederholen, doch widmen Sie den letzten Bewegungen ebenso viel Aufmerksamkeit wie den ersten.

Das Herz öffnen

Liebende Güte

Die moderne Achtsamkeitslehre betrachtet den Prozess des Mitgefühls als integralen Bestandteil der Praktik, doch traditionell wurde sie als eigene Technik namens „Liebende Güte" gelehrt.

Achtsamkeit ohne Mitgefühl kann distanziert und hart wirken. Das Konzept der Liebenden Güte bringt Sanftmut und Milde in diese Praktik ein. Es lehrt uns, unsere Fehler und Schwierigkeiten willkommen zu heißen. Letzten Endes bringt es uns dazu, unsere Schwächen mit größerer Ehrlichkeit anzusehen, als wenn wir sie immer nur knallhart betrachten würden.

Man könnte sagen, dass Liebende Güte für das Herz ist, was Achtsamkeit für den Kopf ist. Ebenso wie wir die Wahrnehmung und das Verstehen entwickeln müssen – die Achtsamkeit –, müssen wir auch an unserer Fähigkeit arbeiten, emotional offen zu sein und uns anderen verbunden zu fühlen – das ist Liebende Güte.

Liebende Güte bringt Sanftmut und Milde in unser *Üben*. Sie lehrt uns, unsere Fehler und *Schwierigkeiten* willkommen zu heißen.

Näheres zur Liebenden Güte

Manche Menschen finden die Vorstellung und das Praktizieren von Liebender Güte schwierig – es kann sich falsch oder merkwürdig anfühlen; oder Sie fühlen vielleicht gar nichts, obwohl Sie sich bemühen; oder Sie stellen fest, dass Sie dabei sehr emotional oder zornig werden. Es kann einige Zeit dauern, bis sich positive Gefühle entfalten; versuchen Sie, geduldig zu bleiben, und akzeptieren Sie Vorbehalte und Schwierigkeiten als Teil des Prozesses. Es ist okay, wenn Sie Teile auslassen, die Sie besonders schwierig finden.

Meditation zur Liebenden Güte

Diese Meditation soll Wohlwollen gegenüber anderen hervorrufen. Bei einem Experiment der Stanford University fühlten sich die Teilnehmer nach nur wenigen Wiederholungen dieser Meditation positiver und stärker verbunden mit fremden Menschen. Das Gefühl der Verbundenheit ist ein menschliches Grundbedürfnis, und es gibt viele Forschungsarbeiten, die belegen, dass sich unsere Beziehungen zu Menschen auf unsere Gesundheit und unser Wohlbefinden positiv auswirken.

1. Nehmen Sie eine bequeme Haltung ein und schließen Sie die Augen. Konzentrieren Sie sich ein paar Momente lang auf Ihren Atem, um sich auf die Meditation einzustimmen.

2. Wenn Sie sich bereit fühlen, rufen Sie sich ein Bild von sich selbst ins Bewusstsein – entweder so, wie Sie jetzt sind, oder, wenn Sie das einfacher finden, wie Sie als Kind waren. Sprechen Sie sanft folgende Wort zu sich selbst:

   Möge ich glücklich sein
   Möge ich gesund sein
   Möge ich in Sicherheit sein
   Möge ich mich wohlfühlen

3. Wiederholen Sie diese Worte immer und immer wieder mit Gefühl, sodass die Botschaft Geist und Körper durchdringt. Manchmal ruft diese Übung interessante Widerstände hervor – vielleicht sträuben Sie sich, sich selbst Sicherheit zu wünschen, als ob Sicherheit etwas Langweiliges wäre. Oder vielleicht glauben Sie, Sie hätten es aus irgendeinem Grund nicht verdient, glücklich zu sein. Sie müssen nicht mit sich selbst diskutieren; nehmen Sie jegliche Einwände zur Kenntnis und fahren Sie damit fort, sich selbst Gutes zu wünschen – so sanft und so liebevoll, wie es Ihnen möglich ist.

4. Stellen Sie sich nun jemanden vor, den Sie lieben: Ihre Lieblingstante, Ihren besten Freund, Ihre/n Partner/in oder gar Ihren Hund. Es sollte jemand sein, dem Sie positive Gefühle entgegenbringen – wenn Sie etwa zurzeit einen Streit mit Ihrer Mutter haben, dann wählen Sie jemand anderen, dem Sie von ganzem Herzen zugetan sind. Stellen Sie sich die Person bildlich vor und denken Sie an deren wundervolle Eigenschaften. Denken Sie daran, dass diese Person – ebenso wie Sie – von Krankheit und Schmerzen betroffen sein könnte. Wiederholen Sie die folgenden Worte immer und immer wieder, als ob Sie direkt zu ihm oder ihr sprechen würden:
Mögest du glücklich sein
Mögest du gesund sein
Mögest du in Sicherheit sein
Mögest du dich wohlfühlen

5. Dehnen Sie die guten Wünsche nun auf jemanden aus, dem Sie neutral gegenüberstehen – für den Sie weder Zuneigung noch Groll empfinden. Es könnte jemand sein, von dem Sie täglich die Zeitung kaufen, der Briefträger, die Briefträgerin oder jemand, den Sie

Mit Ihren eigenen Worten
Sie müssen nicht genau die auf dieser
Seite vorgeschlagenen Worte verwenden.
Sie können die Sätze gerne so verändern,
dass Sie sich wohler damit fühlen und
Worte finden, bei denen Sie eine tiefere
Resonanz verspüren.

täglich in der Arbeit sehen. Rufen Sie sich
diese Person ins Bewusstsein und denken Sie
daran, dass sie genauso anfällig für Krankheiten
oder Schmerzen ist wie Sie oder die Menschen,
die Sie lieben. Richten Sie die folgenden Worte
im Stillen an sie oder ihn und wiederholen Sie
sie mehrmals:
Mögest du glücklich sein
Mögest du gesund sein
Mögest du in Sicherheit sein
Mögest du dich wohlfühlen

6. Denken Sie nun an eine Person, mit der Sie
ein schwieriges Verhältnis haben. Sie müssen
sich nicht jemanden aussuchen, der Ihnen
sehr wehgetan hat – das könnte zu schwierig
sein –, aber jemand, den Sie nicht mögen oder
von dem Sie eine schlechte Meinung haben.
Stellen Sie sich die Person bildlich vor und
denken Sie daran, dass sie, ebenso wie wir alle,
glücklich und sicher sein möchte. Schicken
Sie ihr gute Wünsche, indem Sie die Sätze mit
Sanftmut wiederholen:
Mögest du glücklich sein
Mögest du gesund sein
Mögest du in Sicherheit sein
Mögest du dich wohlfühlen

7. Wenn Sie so weit sind, versuchen Sie, sich diese
vier Personen gemeinsam vorzustellen: Sie
selbst, die geliebte Person, die neutrale Person
und die schwierige Person. Senden Sie allen
vieren liebevolle Wünsche:
Mögen wir glücklich sein
Mögen wir gesund sein
Mögen wir in Sicherheit sein
Mögen wir uns wohlfühlen

8. Dehnen Sie zum Abschluss Ihr Mitgefühl
noch weiter aus – auf all jene, die in Ihrer
Straße wohnen, in Ihrer Stadt, Ihrem Land
und auf alle Lebewesen dieser Welt.
Mögen wir glücklich sein
Mögen wir gesund sein
Mögen wir in Sicherheit sein
Mögen wir uns wohlfühlen

9. Kommen Sie langsam aus der Meditation heraus und öffnen Sie die Augen. Bleiben Sie am
besten noch ein paar Minuten sitzen, bevor
Sie langsam aufstehen.

Zu sich selbst gütig sein

Viele von uns sind zu sich selbst härter, als sie es zu anderen Menschen wären. Wir müssen zu uns selbst nett sein – nicht nur zu unserem eigenen Besten. Wenn wir auf unsere eigenen Bedürfnisse achten, sind wir viel besser dazu in der Lage, Wärme und Güte auch anderen zuteil werden zu lassen.

Wenn wir beginnen, Achtsamkeit zu praktizieren, könnte eine Welle der Selbstkritik ausgelöst werden. „Was stimmt nicht mit mir?", „Ich bin unfähig", „Ich kann nicht mal richtig sitzen" – all das sind häufige Reaktionen. Die mitfühlende Haltung hilft uns, diesen Gedanken mit Sanftheit zu begegnen. Wenn Ihnen das zu nachsichtig erscheint, ergründen Sie, warum dem so ist. Halten Sie sich für schwach, weil Sie Freundlichkeit brauchen? Haben Sie das Gefühl, Sie würden das nicht verdienen? Ist das Gefühl Teil eines allgemeinen Ärgers oder Ihrer Ungeduld mit sich selbst? Es lohnt sich, diesen Fragen nachzugehen.

Freundlichkeit gegenüber sich selbst üben

Hier sind einige Tipps, wie Sie freundliche Güte gegenüber sich selbst üben können.

✿ Harte Urteile vermeiden

Wenn Sie bemerken, dass Sie sich selbst tadeln oder kritisieren, fragen Sie sich, ob Sie so auch mit einem Freund, Verwandten oder Kind sprechen würden. Das kann dazu beitragen, Ihre Aufmerksamkeit wieder auf das Hier und Jetzt zu richten. Bedenken Sie, dass ein Gedanke nur ein Gedanke ist, nicht die Wahrheit. Verwenden Sie nette Worte, um sich selbst zu beschreiben. Versuchen Sie, eine nicht kritische innere Stimme zu entwickeln.

✿ Nicht für das Urteilen verurteilen

Wenn Sie sich über sich selbst ärgern, weil Sie sich selbst kritisieren, dann ist das nur ein weiterer Trick des unerfahrenen Geistes. Widmen Sie dem dieselbe Aufmerksamkeit, etwa, indem Sie sagen: „Das ist beurteilend." Und denken Sie daran, dass Kritik nur ein flüchtiger Gedanke ist.

✿ Sich Zeit nehmen

Wenn wir beschäftigt sind, neigen wir dazu, die Dinge, die uns glücklich machen, einzustellen – Sport, Meditation, Freunde treffen. Setzen Sie angenehme Aktivitäten auf Ihre To-do-Liste.

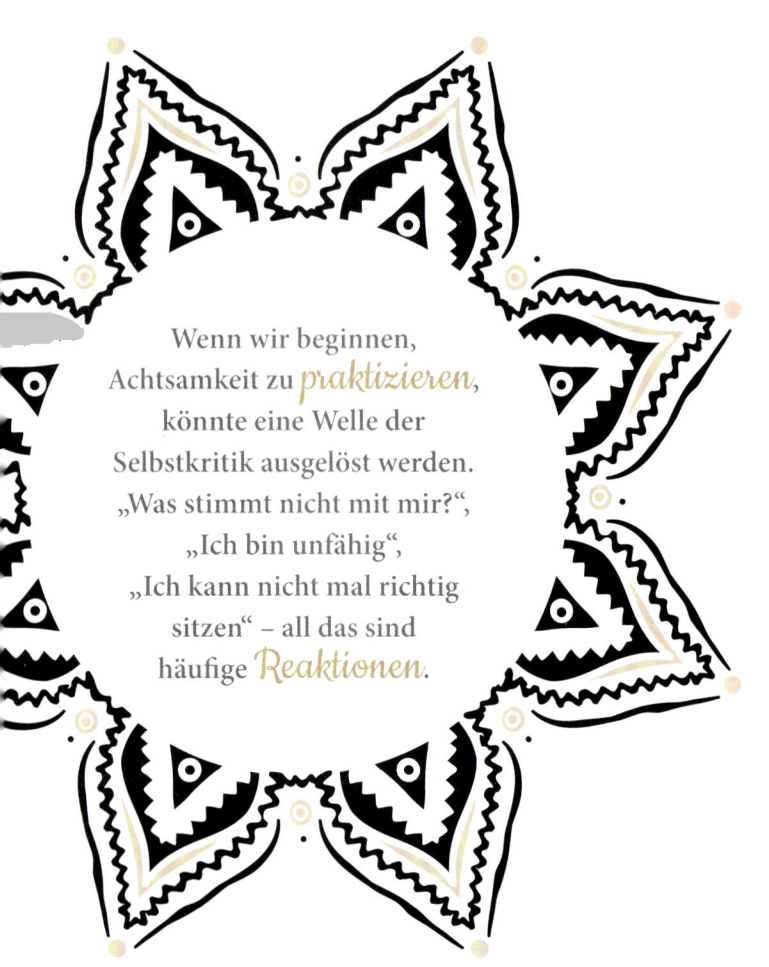

Wenn wir beginnen, Achtsamkeit zu *praktizieren*, könnte eine Welle der Selbstkritik ausgelöst werden. „Was stimmt nicht mit mir?", „Ich bin unfähig", „Ich kann nicht mal richtig sitzen" – all das sind häufige *Reaktionen*.

❀ Das Gute anerkennen

Registrieren Sie, wenn Sie etwas gut machen – das Abendessen zubereiten, einen Abgabetermin einhalten – und nehmen Sie das zum Anlass, sich selbst zu gratulieren. Sagen Sie „Gut gemacht!" zu sich selbst – und meinen Sie es auch so.

❀ „Sollte" aus dem Wortschatz streichen

Wie oft tun Sie etwas, weil Sie denken, Sie sollten das tun? Natürlich haben wir alle Pflichten, aber oft zwingen wir uns selbst aus Schuld- oder Pflichtgefühl, alle möglichen Dinge zu tun. Wenn Sie sich bei dem Gedanken ertappen, dass Sie etwas tun „müssen" oder „sollten", dann fragen Sie sich nach dem Grund. Vielleicht können Sie sich damit beschenken, diese lästige Aufgabe nicht erledigen zu müssen.

❀ Auf den Körper hören

Je länger Sie Achtsamkeit praktizieren, umso mehr werden Sie sich bewusst, wie sich Ihr Körper fühlt. Setzen Sie dieses Bewusstsein ein. Wenn Sie sich müde fühlen, unternehmen Sie etwas dagegen – gehen Sie früh zu Bett. Sehen Sie die Schmerzen in Ihren Handgelenken beim Tippen als Hinweis, dass Sie eine Pause benötigen. Kümmern Sie sich um Ihre Grundbedürfnisse – essen Sie, wenn Sie hungrig sind, trinken Sie, wenn Sie durstig sind, schlafen Sie, wenn Sie müde sind.

Zu anderen gütig sein

Der Entschluss, zu den Menschen rund um uns gütig zu sein, kann ein lebensveränderndes Element Ihrer Achtsamkeitspraxis sein. Güte anderen gegenüber kann Ihr soziales Netz stärken und Ihre Beziehungen in vielen Aspekten verbessern.

Wenn wir voll aufmerksam sind, nehmen wir die Schwierigkeiten anderer automatisch intensiver wahr und reagieren darauf mit stärkerem Mitgefühl. Studien belegen, dass das Praktizieren von Achtsamkeit, speziell mit dem integralen Bestandteil der Liebenden Güte, unsere Empathie ebenso verstärkt wie unsere Fähigkeit, uns selbst mit Güte zu behandeln. Dies ist Achtsamkeit in menschlichen Beziehungen, ein Grundpfeiler des achtsamen Zugangs zur Welt.

Kurz gesagt: Es ist möglich, in sich selbst eine mitfühlende Haltung zu entwickeln. Hier sind einige Tipps, wie man Güte gegenüber anderen entwickelt.

Jeden Tag eine gute Tat

Überlassen Sie jemandem Ihren Sitzplatz im Bus, laden Sie jemanden auf einen Kaffee ein, lassen Sie jemandem an der Supermarktkasse den Vortritt … Psychologische Studien haben gezeigt, dass wir, wenn wir nett zu anderen sind, einen Glücksschub erleben, vor allem weil das Glückshormon Oxytocin im Körper ausgeschüttet wird. Forscher an der University of Columbia baten Menschen mit Angststörungen, mindestens sechs gute Taten pro Woche zu vollbringen. Sie fanden heraus, dass die guten Taten, die man anderen zukommen lässt, einen signifikanten positiven Einfluss auf die Stimmung der netten Person haben. Darüber hinaus können kleine (oder große) Gefallen, die wir anderen tun, einen Dominoeffekt auslösen: Das bedeutet, dass jene Menschen, denen Gutes getan wurde, danach eher dazu neigen, auch anderen etwas Gutes zu tun. Freundlich zu sein trägt also – in kleinem Umfang – dazu bei, dass die Welt ein kleines Stückchen besser wird.

Andere wertschätzen

Im Alltagsstress vergessen wir leicht, dass wir es mit anderen menschlichen Wesen zu tun haben, die Gefühle und Schwierigkeiten erleben, genauso wie wir. Der bewusste Entschluss, andere mit Respekt zu behandeln, ist ein einfaches Fundament für Freundlichkeit. Schauen Sie also den Menschen, denen Sie begegnen, in die Augen – der Mann am Fahrkartenschalter am Bahnhof, die Frau im Imbissstand, die Person, die Ihnen eine Tür aufhält, wenn Sie zur Arbeit kommen.

Für geliebte Menschen da sein

Freundlichkeit und Güte sind nachgewiesener-
maßen Schlüsselfaktoren in langfristigen Beziehungen. Am einfachsten zeigen Sie das, indem
Sie ihnen Ihre Aufmerksamkeit widmen. Der
spirituelle Lehrer Thich Nhat Hanh lehrt eine
Meditation, die er „Liebling, ich bin für dich
da" nennt. Alles, was Sie dazu tun müssen, ist,
jegliche Ablenkungen beiseitezuschieben, damit
Sie sich voll und ganz dem geliebten Menschen
widmen können.

Loslassen

Genauso, wie wir aktiv üben können, freundlich
zu sein, können wir unsere Fähigkeit, loszulassen,
stärken. Wenn Sie feststellen, dass Sie sich über
geringfügiges Fehlverhalten anderer Menschen
leicht ärgern, nehmen Sie sich vor, wenigstens
einmal pro Tag nicht darauf zu reagieren. Anstatt Ihre Missbilligung in Worten oder Taten
zu zeigen, nehmen Sie Ihre Gedanken zur
Kenntnis und lassen Sie sie los.

Achtsame Interaktionen

Achtsamkeit in Ihre Beziehungen einfließen zu lassen, muss nicht kompliziert sein. Einfach nur wirklich präsent zu sein kann schon sehr viel bewirken und Ihr Verhalten gegenüber Ihnen nahestehenden Menschen verändern.

Wenn wir uns mit jemandem unterhalten, den wir gut kennen, tun wir oft nur so, als ob wir zuhören würden. Zu achtsamem Zuhören gehört, sich auf das zu konzentrieren, was die andere Person mit Worten, Mimik und Körpersprache ausdrückt. Wenn Sie sich also vielleicht dabei ertappen, dass Sie schon Ihren nächsten Einwurf planen, dann nehmen Sie das still zur Kenntnis und widmen Sie Ihre Aufmerksamkeit wieder Ihrem Gesprächspartner.

Wenn jemand mit Ihnen spricht, dann hören Sie zu, ohne zu unterbrechen, zu beurteilen oder das Gesagte gering zu schätzen. Sie müssen der anderen Person nicht zustimmen, Sie erlauben ihr nur, das, was sie sagen möchte, ohne Unterbrechung zu äußern. Dies ist eine der Grundlagen für gelungene Kommunikation.

Natürlich werden Sie beim Zuhören vielleicht emotional oder körperlich reagieren – Verärgerung, der Magen zieht sich zusammen, die Kiefer verkrampfen sich. Sie können diese Empfindungen wahrnehmen, ohne dass Sie zulassen, dass sie Ihre Reaktionen bestimmen. Zwistigkeiten folgen oft vertrauten Pfaden: Wenn Sie den Köder nicht schlucken, kann das Gespräch positiver verlaufen.

Je öfter Sie achtsames Zuhören praktizieren, umso mehr werden Ihnen Ihre eigenen mentalen Gewohnheiten in Gesprächen bewusster werden. Vielleicht sind Sie schnell mit einem Rat zur Stelle oder Sie lenken die Konversation auf eines Ihrer Themen. Es braucht Zeit, um wenig hilfreiches Verhalten zu verändern, doch sich dessen bewusst zu werden, ist ein wichtiger erster Schritt. Achtsamkeit beim Sprechen ist mindestens ebenso wichtig wie beim Zuhören. Wenn Sie bewusster darauf achten, was Sie sagen, könnten viele Konflikte verhindert werden.

Zu achtsamem *Zuhören* gehört, sich auf das zu konzentrieren, was die andere Person mit Worten, Mimik und Körpersprache *ausdrückt*.

❀ Vor dem Antworten innehalten
Das gibt Ihnen die Gelegenheit, noch einmal zu überdenken, was Sie sagen wollen und wie Sie es sagen wollen. In einer Unterhaltung auch Pausen zu machen, kann unschöne Worte verhindern.

❀ Die Wahrheit sagen
Das bedeutet nicht, dass Sie alles mitteilen müssen, doch das, was Sie sagen, sollte authentisch sein und Ihre Erfahrung wiedergeben.

Achten Sie auf die Tendenz, zu übertreiben –
„Das machst du immer", „Ich komme ja nie
dazu, das zu tun".

✿ Freundlich sprechen

Achtsam zu sprechen bedeutet, mit Worten
keine Zwietracht zu säen. Vermeiden Sie
Kommentare, die verletzen oder Konflikte
schüren. Achten Sie darauf, wie Sie über sich
selbst sprechen – Selbstzerfleischung oder
Selbstkritik können ebenso schädlich sein
wie böse Worte zu anderen.

✿ Ruhig sprechen

Natürlich gibt es Gelegenheiten, bei denen
Sie emotional werden und sich behaupten
müssen, doch in normalen Gesprächen ist
es am besten, in ruhigem, höflichem Ton
zu sprechen.

✿ Klatsch vermeiden

Das ist für viele von uns schwierig. Zur achtsamen Kommunikation gehört jedoch auch,
sich nicht an müßigem Gerede über andere
zu beteiligen.

Dankbarkeit

Wenn wir Achtsamkeit praktizieren, erleben wir oft ein Gefühl der Dankbarkeit. Während wir uns unseres alltäglichen Lebens immer bewusster werden, lernen wir zu schätzen, was wir haben.

Der Gedanke, Achtsamkeit würde lehren, dass alles wunderbar ist, ist ein Missverständnis – das tut sie nicht. Die grundlegende Erkenntnis der Achtsamkeit besteht darin, dass wir nur allzu leicht in Wegen denken, die uns unglücklich machen. Wenn wir in einer Trauer um die Vergangenheit oder in ständiger Angst vor der Zukunft leben, verpassen wir so viele einfache Geschenke des Lebens im Hier und Jetzt: das Lächeln eines Kindes, eine große Tasse Kaffee, die Gesellschaft eines Freundes oder die vertraute Behaglichkeit unseres eigenen Wohnzimmers. Fast immer gibt es auch an den schwierigsten Tagen Momente der Freude und Erleichterung. Wir können für eine Sekunde innehalten und würdigen, wie der Morgentoast schmeckt oder

Auch an den *schwierigsten* Tagen gibt es *Momente* der Freude und Erleichterung.

wie nett uns ein Verkäufer im Laden hilft. Diese Momente zu bemerken verhilft uns zu einer positiveren Lebenseinstellung und kann sich auch auf unsere Gesundheit förderlich auswirken. In einem Experiment des Psychologen Robert A. Emmons wurden die Teilnehmer in drei Gruppen geteilt und gebeten, über Dinge zu schreiben, für die sie dankbar waren, über die sie sich ärgerten oder denen sie neutral gegenüberstanden. Danach fühlte sich die „dankbare" Gruppe glücklicher und optimistischer als die anderen.

Weitere Experimente von Emmons und anderen haben gezeigt, dass das Dankbarsein die Zufriedenheit steigert, was sich wiederum positiv auf das mentale und körperliche Wohlbefinden auswirkt. Versuchen Sie folgende Übungen, um Ihr Gefühl für Dankbarkeit zu stärken:

1. Nehmen Sie sich wie in Emmons' Experiment einige Minuten Zeit und schreiben Sie fünf Dinge auf, für die Sie dankbar sind. Der Akt des Niederschreibens verankert diese Dinge in Ihrem Kopf; außerdem sind Sie sich der positiven Seiten in Ihrem Leben bewusster. Atmen Sie ein paar Mal achtsam ein und aus, bevor Sie beginnen, damit Sie ins Hier und Jetzt kommen – und freuen Sie sich auf die Erinnerung an die Gelegenheiten zum Dankbarsein. Sie können auch einmal pro Woche Tagebuch schreiben – Studien zeigten, dass sich wöchentliches Tagebuchschreiben stärker positiv auswirkt als tägliches, vielleicht, weil man es dann weniger als zusätzliche Pflicht wahrnimmt.

2. Sagen Sie Danke. Suchen Sie im Tagesverlauf nach Gründen, Ihre Dankbarkeit auszudrücken – danken Sie dem Fahrer, wenn Sie aus dem Bus aussteigen, dem Kollegen, der Ihnen einen Kaffee mitbringt, dem Briefträger, der ein Paket bringt. Sagen Sie „Danke" und meinen Sie es auch so – halten Sie Blickkontakt und lächeln Sie oder sagen Sie, wie sehr Sie schätzen, was der andere getan hat.

3. Schreiben Sie einen Brief. Heute schicken wir eher E-Mails oder Online-Nachrichten als einen echten Brief. Doch ein Dankschreiben zu verfassen kann eine immens lohnenswerte Aufgabe für Sie darstellen – und ein echtes Geschenk für den Empfänger. Denken Sie an jemanden, der viel für Sie getan hat – ein Elternteil, ein guter Freund, ein Mentor oder ein Lehrer. Fassen Sie in Worte, was er oder sie getan hat und was es Ihnen bedeutet hat.

Dankbares Durchzählen

Schnell aufzuzählen, wofür Sie dankbar sind, kann Sie rasch ins Hier und Jetzt befördern. Halten Sie kurz inne und zählen Sie an Ihren Fingern ab, wofür Sie gerade jetzt dankbar sind: Ihre Gesundheit, Ihre neuen Schuhe, ein gelöstes Problem oder eine abgewendete Krise …

Schwierige Emotionen

Turbulente Gefühle sind Teil unseres Lebens. Wir alle werden von Zeit zu Zeit zornig, traurig oder überwältigt, doch diese Emotionen gehen vorüber. Sie stellen die Wahrheit unseres Gefühlslebens ebenso wenig dar, wie ein kurzer Regenschauer einen Sommer ausmacht.

Einer der Effekte regelmäßiger Meditation besteht darin, dass unsere Gefühle gleichmäßiger werden, weniger anfällig für heftige Extreme. Mit der Zeit haben wir also mehr Kontrolle darüber. Wenn wir verstehen, dass wir nicht unsere Gefühle sind, können wir ein wenig Distanz zwischen uns und unsere Emotionen bringen. In Bezug auf schwierige Emotionen empfiehlt uns die Achtsamkeit, eher zu „sein" als zu „tun". Wenn wir lernen, mit schwierigen Emotionen zu „sein", statt uns von ihnen abzulenken oder sie auf ungesunde Weise auszuleben, dann können wir verhindern, dass sie uns in wenig hilfreiche Aktionen treiben.

   Schmerzvolle Emotionen können jedoch so stark sein, dass sie uns zu überwältigen drohen, wie eine Welle, die über uns hinwegrollt. Folgende Achtsamkeitstechnik kann in solchen Situationen hilfreich sein. (Das englische Akronym RAIN steht für Recognising, Accepting, Investigating, Non-identifying.)

> Wenn wir verstehen, dass wir nicht unsere *Gefühle* sind, können wir ein wenig *Distanz* zwischen uns und unsere Emotionen bringen.

Die WAED-Technik

❀ W: Wahrnehmen

Manchmal werden wir von intensiven Emotionen überrascht – wir erkennen zum Beispiel nicht, dass wir verärgert sind, bis wir jemanden anschnauzen. Daher besteht der erste Schritt dieser Technik darin, wahrzunehmen, dass eine starke Emotion vorhanden ist. Es kann hilfreich sein, kurz innezuhalten und ihr, wenn möglich, einen Namen zu geben – Zorn, Traurigkeit, Einsamkeit, Eifersucht. Wenn Sie ein unangenehmes Gefühl nicht benennen können, nennen Sie es „Unbehagen" oder verwenden Sie eine andere allgemeine Bezeichnung.

❀ A: Akzeptieren

Ein unangenehmes Gefühl geht nicht weg, wenn Sie es „wegwünschen" oder es ignorieren. Akzeptieren ist ein Kernstück der Achtsamkeit und eines der nützlichsten Werkzeuge im Umgang mit Emotionen. Geben Sie der Emotion Raum. Sagen Sie zu sich selbst: „Ich fühle Ärger" oder „Ärger ist da".

❀ E: Erforschen

Untersuchen Sie die Emotion mit der achtsamen Haltung der Neugier: Wie fühlt sie sich im Körper an? Wo ist sie spürbar, bewegt sie sich weiter? Welche Gedanken gehen damit einher? Können Sie einfach nur dasitzen und die Emotion in Echtzeit erforschen?

❀ D: Distanzieren

Während Sie Ihre Emotion erforschen, können Sie ein Gefühl der Distanz dazu entwickeln – die Erkenntnis, dass Sie nicht Ihre Emotion sind. Diese Erkenntnis ist mit dem Wort „Distanzieren" gemeint. Ihre Emotion ist – wie alle Emotionen – ein vorübergehender Zustand des Körpers und des Geistes. Wie alle solchen Zustände wird er entstehen, verweilen und vergehen. Das passiert vielleicht schon, während Sie sitzen und atmen, oder es dauert länger. Geduld!

WAED bei Suchtverhalten

Die WAED-Technik kann auch bei Suchtverhalten helfen. Wenn Sie zum Beispiel versuchen, das Rauchen aufzugeben, können Sie diese Technik benutzen, um sich hinzusetzen und Ihr Verlangen nach einer Zigarette durchzuarbeiten.

Ja zur Vergebung

Wir könnten den Fehler begehen, durch unsere Gedanken alte Gefühle von Verletzung oder Zorn neu zu entfachen. Einen Groll zu hegen ist zum Beispiel oft nichts anderes als das Festhalten an einer negativen Emotion, die wir loslassen sollten.

Wenn wir lernen, zu vergeben, kann uns das von alten Denkmustern und emotionalen Verletzungen befreien und uns so letztendlich glücklicher machen. Vergeben ist das bewusste Bemühen, die Gefühle des Zorns oder der Rache loszulassen, und zwar einer Person gegenüber, die Sie Ihrer Meinung nach verletzt hat. Das heißt nicht, dass Sie das Geschehene vergessen oder gar eine Beziehung zu der Person aufrechterhalten – denn es kann sinnvoll sein, sich vor einer Person zu schützen, die Sie schon einmal verletzt hat. Vergebung bedeutet, die Vergangenheit loszulassen und sich für die Möglichkeiten der Gegenwart zu öffnen. Die folgende Übung kann Ihnen helfen, wenn Sie am Thema Vergebung arbeiten wollen, aber es ist wichtig, dass Sie sie mit Mitgefühl für sich selbst ausführen. Sie können Vergebung nicht erzwingen oder beschließen, dass der Wille dazu da sei, wenn er das nicht ist. Sie müssen nur Platz schaffen, damit sie sich einstellen kann.

1. Begeben Sie sich in eine bequeme Position, schließen Sie die Augen und atmen Sie ein paar Minuten lang ruhig ein und aus. Wenn Sie sich bereit fühlen, dann denken Sie an die Person, die Sie verletzt hat. Denken Sie daran, mitfühlend zu sich selbst zu sein – drängen Sie sich nicht, sich an Details zu erinnern, die Sie als schmerzhaft empfinden.

2. Achten Sie darauf, was in Ihrem Körper geschieht, wenn Sie an diese Person denken. Wenn wir uns an eine schwierige Situation in der Vergangenheit erinnern, durchleben wir sie oft auf gewisse Weise erneut – der Körper verspannt sich, der Hals wird eng und vielleicht stellt sich ein Gefühl der Traurigkeit ein. Nehmen Sie diese Empfindungen wahr und versehen Sie sie nach Möglichkeit mit einer Bezeichnung – „Beklemmung", „Trauer" usw.

3. Denken Sie darüber nach, dass Sie es sind, der diese schmerzhaften Gefühle erlebt, nicht die Person, die diese verursacht hat. Sie selbst leiden auf diese Weise, nicht der andere (auch wenn er seine eigenen Probleme haben mag, mit denen er fertigwerden muss).

4. Versuchen Sie nun, herauszufinden, was Sie daran hindert, den Groll, den Sie empfinden, loszulassen oder dieser Person bzw. Gruppe zu vergeben. Haben Sie Angst, die Vergebung würde Sie in irgendeiner Weise verletzbar machen? Haben Sie den Eindruck, jemand anderer würde „gewinnen", wenn Sie Ihren Groll loslassen?

5. Denken Sie an die andere Person. Glauben Sie, dass er oder sie das Geschehene anders sieht? Denken Sie daran, was für eine Art Mensch die Person ist, und an das, was Sie vielleicht über ihn wissen, seine Familie, seine Herkunft. Gibt es etwas, was den Vorfall erklären könnte oder was Ihnen ermöglicht, ihn oder sie als Person zu sehen, die Mitgefühl braucht?

6. Es macht nichts, wenn das zu schwierig ist. Denken Sie daran, dass Sie sich selbst nicht zum Vergeben zwingen können, daher sind die genannten Fragen nur Vorschläge, damit Sie einen Ausgangspunkt finden, mit dem Sie arbeiten können. Es geht einfach darum, Platz zu schaffen für die Vergebung, indem wir alte Verletzungen und emotionale Blockaden loslassen. Erlauben Sie dem Prozess, sich auf natürliche Weise zu entfalten.

7. Überprüfen Sie sich selbst und Ihre Atmung, während Sie nachdenken. Atmen Sie normal oder hat sich die Atmung verändert? Ist nun mehr Spannung in Ihrem Körper oder weniger – und haben sich Ihre Gefühle und Empfindungen irgendwie verändert? Sie können an jedem Punkt wieder in diese Übung einsteigen. Widmen Sie sich nun noch einige Augenblicke lang Ihrer Atmung und öffnen Sie langsam die Augen.

Mit Schmerzen leben

Immer häufiger wird Achtsamkeit als Mittel gegen chronische Schmerzen eingesetzt. Die meisten von uns müssen mit körperlichen Beeinträchtigungen leben, für manche ist Schmerz Teil des Lebens.

Schmerz ist mehr als ein Alarmsignal unseres Körpers. Wir verstehen noch nicht ganz, wie der Schmerzmechanismus funktioniert, doch eine Theorie besagt, dass es zum Gehirn und zum Nervensystem „Schmerztore" gibt, durch die Schmerzsignale nur passieren können, wenn die Tore offen sind. Wir wissen auch, dass das Gehirn Informationen des Geistes (unsere Gedanken und Gefühle) und aus dem Körper verwendet, um den Schmerz zu interpretieren – er ist also ein psychologisches, emotionales und zugleich körperliches Phänomen.

Daraus folgt, dass wir unseren Geist einsetzen können, um unsere Schmerzwahrnehmung zu verändern – und hier kommt die Achtsamkeit ins Spiel. Achtsamkeit kann sich auch auf andere Weise als hilfreich erweisen. Die Geschichte mit den „zwei Pfeilen" erinnert uns daran, dass

Achtsamkeit lehrt uns, dem Schmerz *entgegenzugehen* und ihn mit *Akzeptanz* und Mitgefühl zu erforschen.

es zwei Arten von Schmerz gibt: die physika-
lischen Rohdaten (der erste Pfeil bzw. der pri-
märe Schmerz) und der mentale Schmerz, der
sie umgibt (der zweite Pfeil bzw. der sekundäre
Schmerz). Wenn wir lernen können, zwischen
diesen beiden Schmerztypen zu unterscheiden,
können wir selbst ein wenig von dem Leiden
lindern, das uns der zweite Pfeil verursacht.

Achtsamkeit ermutigt uns, unseren Schmerz
wahrzunehmen und zu würdigen. Natürlich
wollen wir uns von ihm befreien – doch manchmal ist der Schmerz einfach eine Last, die wir
zu tragen haben. Wenn wir uns nicht von ihm
befreien können, flüchten wir uns oft in Urteile:
„Ich hasse diesen Schmerz!", „Warum geschieht
dies gerade mir?", „Ich halte das nicht aus".

Solche Reaktionen verstärken den Stress und können den Schmerz verschlimmern. Es ist ein Teufelskreis: Je mehr wir mit unserem Schmerz hadern, umso stärker fühlt er sich an; je intensiver der Schmerz ist, umso mehr hadern wir mit ihm.

Oft stellen wir uns den Schmerz als eine einheitliche Schmerzempfindung vor, doch wenn wir ihn mit einer Haltung des sanften Interesses erforschen, entdecken wir, dass es keinen einheitlichen, unveränderlichen Schmerzblock gibt. Stattdessen besteht unser Schmerz aus vielen verschiedenen Empfindungen. Sie können intensiver werden und dann vergehen, sie können eher wiederkehrend sein als konstant, beweglich oder statisch – während wir unseren Schmerz erforschen, entdecken wir auch, dass es Pausen gibt oder Zeiträume, in denen er nachlässt.

Achtsamkeit lehrt uns, dem Schmerz entgegenzugehen und ihn mit Akzeptanz und Mitgefühl zu erforschen. Das mag gegen unsere Intuition gerichtet erscheinen, doch bildgebende Untersuchungen im Gehirn haben gezeigt, dass dies den Stress reduziert, den wir beim Schmerz fühlen. Der Körperscan (Seiten 96–99) kann sich als hilfreich erweisen, oder Sie können die folgende Übung zur Erforschung des Schmerzes ausprobieren.

Die Schmerzmeditation

1. Sitzen oder liegen Sie so bequem wie möglich, Augen und Mund sind geschlossen. Atmen Sie einige Zeit normal und achten Sie darauf, wie der Atem durch Ihre Nase ein- und wieder ausströmt.

2. Stellen Sie sich beim Einatmen vor, dass Ihr Atem durch die Nase zu jener Gegend fließt, wo Ihr Schmerz sitzt.

3. Stellen Sie sich beim Ausatmen vor, dass der Atemzug in der schmerzenden Gegend beginnt und dann aus Ihrem Körper strömt. Wenn wir Schmerzen spüren, spannen sich die Muskeln an, wodurch sich der Schmerz heftiger anfühlen kann. Diese Art zu atmen fördert die Muskelentspannung.

4. Nehmen Sie Gedanken und Gefühle wahr, die entstehen – vielleicht Angst oder Panik, Trauer oder Zorn. Vielleicht erkennen Sie Gedanken wie „Das wird niemals aufhören" oder „Ich halte das nicht aus" oder „Ich bin ein Pechvogel". Es sind bloß Gedanken, die Sie zur Kenntnis nehmen und ziehen lassen können. Es ist ganz normal, den Schmerz zu verurteilen und ihn zu verdrängen, doch indem wir ihm erlauben, hier zu sein, indem wir sanft werden und Platz schaffen für ihn, können wir die aktuelle Realität besser akzeptieren.

5. Gestatten Sie Ihrer Aufmerksamkeit, auf Ihrem Schmerz zu ruhen, während Sie normal atmen. Erforschen Sie Ihren aktuellen Schmerz. Das kann eine Herausforderung sein: Seien Sie freundlich zu sich selbst und bemühen Sie sich. Wenn es Sie zu überwältigen droht, konzentrieren Sie sich auf Ihre Atmung, bis Sie wieder bereit sind.

6. Achten Sie darauf, ob bei dieser Übung Erwartungen hochsteigen – bedenken Sie, dass es bei Achtsamkeit eher darum geht, in der aktuellen Situation zu sein, als aktiv zu versuchen, diese zu ändern. Sorgen Sie sich also nicht, wenn Ihr Schmerz nicht nachlässt oder wenn Sie diese Übung schwierig finden. Bleiben Sie einfach dabei, den Schmerz mit einer Haltung der Neugier und Akzeptanz zu erforschen und zur Kenntnis zu nehmen.

7. Wenn Sie das Bedürfnis verspüren, Ihre Lage zu verändern, registrieren Sie zuerst das Bedürfnis und ändern Sie dann Ihre Position. Vermeiden Sie aber, wenn möglich, ständige Bewegung und Gezappel.

8. Denken Sie daran: Alles, was Sie tun müssen, ist, in diesem Augenblick mit dem Schmerz zu sein. Sie müssen nicht an die nächsten Minuten, Stunden oder Tage denken. Bleiben Sie im Hier und Jetzt.

9. Wenn Sie bereit sind, die Meditation abzuschließen, dann richten Sie Ihre Aufmerksamkeit für kurze Zeit wieder auf Ihre Atmung und öffnen Sie danach langsam Ihre Augen.

Register

Erstveröffentlichung unter dem Titel:
„Practical Mindfulness"
© Lorenz Books, ein Imprint von
Anness Publishing Ltd, 2018

tosa GmbH
Industriestraße 19
64407 Fränkisch-Crumbach 2019
www.tosa-verlag.de

Übersetzung: Mag. Caroline Klima/Die Textwerkstatt
Designer: Nigel Partridge

ISBN 978-3-86313-152-4

Bildnachweis:
shutterstock: hoverfly 2–127; Transia Design 2–125; Wewhitelist
4–127, Cover: Katika, hoverfly